Couverture inférieure manquante

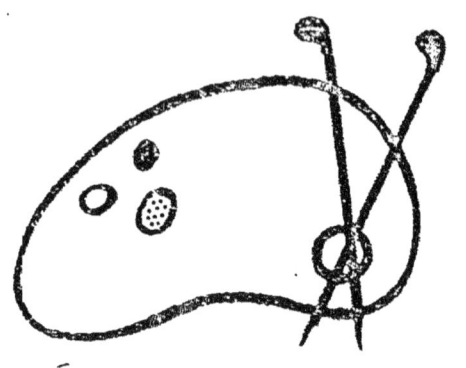

Original en couleur
NF Z 43-120-8

ARSÈNE HOUSSAYE
CONTES POUR LES FEMMES

LES FEMMES ROMANESQUES

CONTES

POUR LES FEMMES

ARSÈNE HOUSSAYE

LES ONZE MILLE VIERGES
1 volume elzévirien, illustré de 20 gravures, 5 fr.

LE DIX-HUITIÈME SIÈCLE
La Régence.— Louis XV.— Louis XVI.— La Révolution.
Édition de bibliothèque en 4 vol. in-18 à 3 fr. 50.

HISTOIRE DU 41e FAUTEUIL DE L'ACADÉMIE
14e Édition. — 1 vol. in-18, 3 fr. 50. 1 vol. in-8,
20 portraits, 20 fr.

LES DOUZE NOUVELLES NOUVELLES
24e édition. — 1 vol. illustré, 3 fr. 50.

LA COMÉDIENNE
10e édition. — 1 vol. in-18, eau-forte, 3 fr. 50.

LES MILLE ET UNE NUITS PARISIENNES
4 vol. in-8°, avec 24 portraits des demi-mondaines et des
extra-mondaines, par Henri de Montaut, 20 fr.

LES GRANDES DAMES
34e édition. — 1 beau volume in-18, 3 fr. 50.

HISTOIRE D'UNE FILLE PERDUE
Avec une étude de P. de Saint-Victor, 1 vol. in-18, 3 fr. 50.

L'ÉVENTAIL BRISÉ
2 vol. portraits, 7 fr.

LE ROI VOLTAIRE
1 volume elzévirien à deux couleurs, 3 portraits, 5 fr.

LA COURONNE DE BLEUETS
1 volume, eau-forte de Théophile Gautier, 3 fr. 50.

LES TROIS DUCHESSES
10e édition, 1 vol. in-18, portraits, 3 fr. 50.

LES LARMES DE JEANNE
1 vol. in-18, portraits, 3 fr. 50.

LES CONFESSIONS
4 volumes in-8°, avec gravures. (*Sous presse.*)

De l'Imprimerie d'ED. REY, 13, quai Voltaire.

ARSÈNE HOUSSAYE

CONTES
POUR LES FEMMES

EAUX-FORTES ET ILLUSTRATIONS PAR
HANRIOT DE SOLAR

I

MADAME PRAXITÈLE
LA CHANSON DU STRADIVARIUS
DON JUAN VAINCU

PARIS
C. MARPON ET E. FLAMMARION
ÉDITEURS
26, RUE RACINE, PRÈS L'ODÉON

Tous droits réservés.

PRÉFACE

Il y a un étrange malentendu depuis quelques années sur la peinture des passions; les uns croient que le cœur seul doit être en scène, les autres ne voient dans l'amour que Vénus aphrodite. On a même été jusqu'à vouloir retrouver, sur les bas-reliefs, Sapho aux bacchanales antiques, dans le groupe des jeunes filles de Lesbos, à qui elle apprenait l'amour tout en leur apprenant la poésie, ce qui était le chemin le plus court. Tout conteur se doit à lui-même de ne pas descendre des hauteurs de l'art pour la peinture des mœurs. Si je conte ici pour les femmes des histoires dont j'ai été spectateur, si je reprends la plume comme historien du cœur humain, c'est dans l'esprit des maîtres éternels et en haine de l'école pornographique.

Je n'ai pas l'habitude de mettre des feuilles de vigne à la Vénus de Milo, mais je ne déshabille pas la Diane de Gabies. J'écris avec cette idée que les femmes, dans leurs chutes, sont encore meilleures que les hommes, parce que leur cœur les sauvegarde. Les entraînements et les déchaînements de la passion ne les jettent pas au fond de l'abîme : Toute femme qui pleure est une femme sauvée.

Et toutes les femmes pleurent.

A.—H.—YE.

MADAME PRAXITÈLE

Madame Praxitèle fut une vertu inouïe, si on pense qu'elle vivait avec un homme comme Praxitèle.

Ce grand sculpteur, élevé sous la république athénienne, mais à la cour d'Aspasie, avait un harem plutôt qu'un atelier. S'il pétrissait si bien la pâte de chair, c'est qu'il se faisait la main sur les femmes — depuis les seins jusqu'aux jambes — aussi sa sculpture répandait-elle une forte senteur de volupté.

Est-ce de lui que Préault — ce sculpteur de mots — disait : « Praxitèle part tous les matins d'Athènes pour arriver le soir rue Notre-Dame-de-Lorette. »

On peut dire qu'il lui fallut sept femmes, à lui aussi, pour faire sa Phryné, laquelle est digne de tous les aréopages. Sept femmes! Pas une de moins. Elles ne posaient pas toutes à la fois, mais il arriva pourtant qu'il les mit ensemble debout, dans leur nudité, pour être mieux inspiré, — comme Alfred de Musset, vers le même temps, allumait les vingt-quatre bougies de ses deux candélabres pour pleurer ses *Nuits*.

Quelques amies de madame Praxitèle lui représentaient que ce harem déconsidérait Praxitèle tout en la déconsidérant elle-même. Ces dames auraient voulu que Praxitèle, comme beaucoup de sculpteurs académiques, se contentât de copier le nu des anciens marbres. Le nu de la nature offensait ces Parisiennes de la décadence.

La femme du sculpteur qui trouvait, comme La Rochefoucaud, qu'il n'est pas d'honnêtes femmes qui ne soient lasses de leur métier, se risqua dans les aventures — pour s'y habituer; voici comment elle commença :

*
* *

Un matin, elle arrêta au passage la fille qui devait poser pour le flanc de la Phryné. Elle savait qu'elle pouvait lutter par ce côté-là et par bien d'autres avec toutes les femmes.

— Mademoiselle, mon mari ne sculpte pas aujourd'hui.

La fille s'incline et s'en va.

Cinq minutes après, madame Praxitèle était sur l'estrade de l'atelier, toute nue dans sa beauté rayonnante, avec ses cheveux d'or efflorescents, ses yeux de Vénus irritée, ses seins sortis de la coupe des dieux.

Mais voilà que ce jour-là Praxitèle entra à l'atelier accompagné d'un très grand seigneur. Figurez-vous un fils de roi de France ou d'empereur de Russie.

La statue était achevée; il n'y avait plus qu'à la parachever.

Praxitèle n'était pas homme à pousser les

hauts cris. Il jeta à sa femme un regard colère, mais il ne lui dit pas un mot.

— Eh bien ! monseigneur, comment trouvez-vous ma Phryné ?

Le prince n'avait remarqué que la femme qui posait.

— Admirable ! admirable ! ! admirable ! ! ! C'est la beauté la plus éblouissante qui soit sur la terre.

A l'entrée du prince, madame Praxitèle avait voulu s'enfuir, mais il était trop tard. Une femme nue est chaste dans l'immobilité, parce que l'art la voile comme la pudeur, tandis que si elle marche, même si elle s'enfuit, le voile idéal s'envole, madame Praxitèle se souvint de la princesse Borghèse, de Diane de Poitiers, de toutes celles qui ont posé pour que leur beauté fût transmise à la postérité.

Et puis, comme disent les femmes du peuple : « Être surprise toute nue quand on est belle, il n'y a pas d'affront. » Elle se jeta pourtant son peignoir sur le sein.

Praxitèle faisait tourner la statue sur son socle, le prince la regardait tout en regrettant que madame Praxitèle ne tournât point comme la statue ; mais il n'y perdit rien, car, sous prétexte de voir des ébauches, il fit le tour de la femme du sculpteur, disant à Praxitèle que son art avait vaincu la nature, mais décidant en lui-même que la nature était toujours victorieuse de l'art.

C'est qu'il n'avait jamais vu dans sa nudité une si belle et si opulente créature.

Naturellement, Praxitèle, quoiqu'il fût épris de la beauté de sa femme, n'en faisait pas les honneurs, comme Amphitryon, ni comme le roi Candaule, ni comme tant de maris qui ont toujours une place à donner à la table de leurs voluptés conjugales.

Il avait refréné sa colère, la masquant par son cordial sourire. Il se promettait, dès qu'il serait seul, de châtier cette espièglerie de sa femme en la fouettant avec des roses.

Il dit au prince :

— Et maintenant, monseigneur, adieu, car je vais travailler ferme.

— Oui, ferme! dit le prince qui aurait bien voulu sculpter ce jour-là.

Il tendit la main à Praxitèle.

— Adieu, mon cher Praxitèle, vous êtes le maître des maîtres, aussi je salue votre statue avec amour.

Tout en disant cela, le prince saluait madame Praxitèle. Quand il fut sur le seuil de l'atelier, il dit tout bas à Praxitèle qui le reconduisait :

— Celle qui pose est une merveille! Poseserait-elle pour moi? Suis-je assez riche pour la payer?

— Monseigneur, ne faites pas de folies, dit Praxitèle jaloux en entraînant dehors le prince trop enthousiaste; je vous l'enverrai demain à votre petit lever; mais surtout ne lui donnez pas plus de vingt francs — pour la pose — car il ne faut pas gâter le métier.

*
* *

Le sculpteur allait fermer la porte quand le prince se retourna.

— Et où demeure cette jolie dame?

Le sculpteur sembla chercher; il se rappela qu'une des sept filles qui posaient, mademoiselle Héloïse, avait quelque ressemblance avec sa femme.

— Monseigneur, la dame demeure rue du Montparnasse, dans les numéros impairs, 7 ou 9 ou 11.

— A merveille! s'écria le prince, M. de Saint-Beuve m'indiquera la maison.

Le lendemain, matin, le prince se mit en campagne. Mais n'allons pas si vite.

Quand le mari fut seul avec sa femme :

— Eh bien! madame, voilà une belle équipée!

— N'allez-vous pas me faire un reproche d'une surprise que je voulais pour vous seul?

— Vous avez bien mal choisi votre temps.

— Il fallait me prévenir! Après tout, M. de Molière, dans son temps, n'a-t-il pas fait les honneurs de sa fiancée à toute la cour de Louis XIV, quand elle joua un rôle de *Naïade* vêtue de l'air du temps?

— Vous avez peut-être raison; d'ailleurs, le sentiment de l'art sauve tout. Et puis le prince est myope.

Naturellement, la femme du sculpteur avait revêtu son peignoir.

— Attendez donc, grâce à vous, j'ai vu des fautes dans ma Phryné.

L'artiste reprenait le pas sur le mari.

— Je vous disais bien qu'un mari ne regarde jamais assez sa femme.

— C'est vrai. Ainsi, l'attache du bras est bien plus fine chez vous; les ondulations des seins et des flancs ont des grâces mieux abandonnées, quoique les lignes soient tout aussi fières.

— Faites-moi le plaisir de me dire, monsieur mon mari, ce que vos sept gourgandines ont de plus beau que moi.

— Il faudrait qu'elles fussent là.

— Appelez-les au concours.

— Non! Voyez-moi cette jambe et ce pied sont superbes, mais pas antiques.

— Je le crois bien, ni ma figure non plus.

Le sculpteur tourna autour de sa femme.

— Ni ceci, ni cela; voyez-vous, ma belle amie, s'il me fallait sculpter une femme de la Renaissance, je ne chercherais pas d'inspirations ailleurs, mais nous sommes à Athènes.

— Eh bien! restez-y, moi je m'en vais; c'est la première fois que j'ai posé pour vous et je ne poserai pas une seconde fois, croyez-le bien.

Et madame Praxitèle s'en alla comme elle était venue, dans son ample peignoir de mousseline tout garni de dentelles. Le Soleil dans un nuage.

*
* *

Quand elle fut montée dans sa chambre, elle regarda par la fenêtre comme si elle dût revoir le prince, mais il était déjà loin.

— S'il m'a trouvée si belle, pourquoi n'a-t-il pas attendu que je sorte de l'atelier?

Elle se demanda s'il irait chez mademoiselle Héloïse, dont son mari lui avait souvent parlé, en lui disant toujours : « C'est ta contre-épreuve. »

Dans sa curiosité, elle s'habilla et songea à se risquer chez cette fille.

Pour expliquer ici madame Praxitèle, il faut peut-être dire que depuis longtemps déjà l'amour entre le mari et la femme ne battait plus que d'une aile. On s'était aimé doucement, puis follement, puis sagement. On touchait à la période des rébellions et des aventures. Le mari, d'ailleurs, n'avait jamais eu de mœurs ; les amies de la dame lui disaient : « Comment voulez-vous que votre mari soit un mari modèle avec une douzaine de modèles sur les bras? » Jusque-là, elle n'avait pas pris sa revanche; elle s'était contentée en amour des hautes coquetteries de Célimène, mais on n'avait jamais trouvé son éventail chez un amoureux.

Elle était heureuse de sa beauté, elle croyait à son esprit, elle voulait sauvegarder l'honneur de la maison, plus fière de la résistance qu'elle n'eût été heureuse de la chute.

Mais il y a des heures fatales : les nuées viennent couvrir le front des femmes les plus pures pour les précipiter dans la nuit des voluptés. Il n'est pas une fille d'Ève qui n'ait son quart d'heure de vertige au bord de l'abîme.

*
* *

Cependant, madame Praxitèle, qui avait quelque peu le vertige, n'alla pas chez mademoiselle Héloïse. A quelques jours de là, elle devait donner un bal costumé où toutes les femmes seraient masquées.

Elle envoya une invitation au prince. Quoi de plus naturel? Or la comédie se compliqua : le prince ne fut pas le dernier à répondre à l'appel; on le vit se promener dans les salons de madame Praxitèle avec les premiers arrivés. Tout Paris fut bientôt là, mondains, diplomates, artistes, gens d'épée et de plume. Le côté des femmes n'était pas moins brillant, quoique plus panaché. A Paris, il est trois fois impossible de faire un salon d'impeccables, surtout quand on donne un bal masqué, car c'est ce jour-là que les femmes tombées relèvent la tête.

Pourquoi sont-elles là? Par le miracle de l'amour et du masque. Elles sont capables de tout pour se retrouver une fois de plus dans leur ancienne atmosphère mondaine.

Si le maître de la maison est un mondain quelque peu répandu dans les fêtes parisiennes, il les connaît toutes plus ou moins; elles lui ont été si douces qu'il n'a pas le courage de leur jeter la porte au nez : toutes les femmes sont égales dans une nuit de bal masqué. Ce ne sont pas d'ailleurs les femmes déclassées qui s'abandonnent le plus aux coquetteries risquées.

Ce que je dis là n'est pas de moi; c'était l'opinion d'un beau domino lilas de haute désinvolture qui avait pris le bras du prince.

— Allons, allons, lui dit-il, vous allez me faire croire que vous êtes une femme légère, en vous offensant à tout propos.

— Monseigneur, je ne m'offense pas de tout ce que vous me dites : est-ce qu'un prince n'a pas tous les privilèges ? A propos, contez-moi donc cette histoire dans l'atelier, où vous êtes arrivé tout juste comme un juge de l'aréopage.

— Ma foi, oui, j'ai vu là une des plus belles créatures qui soient au monde.

Le domino lilas regarda le prince avec des yeux de lynx.

— Et vous avez revu cette belle créature ?

— Non, mais je ne fais pas de façons pour dire que ce n'est pas ma faute si je ne l'ai pas trouvée. Je crois que Praxitèle en est jaloux et qu'il m'a donné un mauvais numéro.

— Oh ! il vous sera très facile de rencontrer cette demoiselle.

— Peut-être, mais je pars demain, je n'ai retardé mon voyage que pour monsieur et madame Praxitèle.

— Vous ne pouvez pas moins faire pour une pareille femme et pour un pareil homme.

— On m'a dit que madame Praxitèle était fort belle.

— Oui, c'est une des beautés parisiennes ;

mais parlons de mademoiselle Héloïse. J'aime les romans des autres. Or, je la connais, cette fille.

— Vous la connaissez? C'est peut-être une modiste ou une couturière à ses temps perdus?

— Comme vous dites; tenez, c'est elle qui ce soir m'a fagotée dans ce domino lilas.

— Je lui en fais mon compliment.

Et le prince, pour prouver son admiration, sculptait les promontoires du domino lilas.

— On n'est pas habillé avec plus d'opulence!

— Il paraît, monseigneur, que vous avez pris chez elle une leçon de sculpture.

— C'est un art qui m'électrise.

— Eh bien! si vous voulez prendre encore une leçon, je vais vous présenter mademoiselle Héloïse.

— Comment! elle est ici?

— Oui, elle a habillé quelques-unes de ces dames. On lui a permis d'être de la fête.

— Je serai très heureux de la revoir.

Un silence...

— Eh bien! monseigneur, pourquoi mettre des masques sur des masques? Je suis mademoiselle Héloïse.

— A la bonne heure! En effet, vous me rappelez cette beauté souveraine, car je vous vois à travers votre loup et votre domino.

— Prince, ne regardez pas de si près. Mais je m'aperçois que tout le monde nous regarde...

— Eh bien! viens souper avec moi au Café Anglais, nous reviendrons dans une heure et le tour sera joué.

Madame Praxitèle regarda le prince. Il était beau, il était jeune, il était prince. Elle se sentit subjuguée. C'est à peine si elle pensa à ses dix années de vertus conjugales, aux pures aurores de sa jeunesse, à tous les ciels bleus de son enfance. Elle se laissa entraîner par le prince, parce que c'était un prince, parce que toute femme une fois dans sa vie veut jouer à la Phryné.

Jusque-là nul ne l'avait reconnue dans ces vagues d'une grande fête, dans ce tohu-bohu d'un bal masqué. Qui s'inquiéterait de son absence? Son mari était accaparé par trois dominos.

Ses amies étaient dans le jeu de la diplomatie des femmes. Aucun de ses amoureux platoniques ne se doutait qu'elle fût sous le domino lilas, une couleur effacée au milieu des dominos blancs, noirs et roses.

Voilà pourquoi, deux minutes après, elle avait emprunté une pelisse dans le vestiaire et elle s'était nichée comme un oiseau effarouché dans le coupé du prince.

Fouette, cocher! tu n'as jamais conduit au plaisir deux amoureux plus ardents.

Quand on fut dans un cabinet particulier du Café Anglais, le masque de madame Praxitèle fut enfin dénoué.

— Oui, oui, s'écria le prince, c'est bien toi, je te retrouve ainsi dans toute ta beauté, mon Héloïse.

Et il voulut dénouer tous les masques, mais madame Praxitèle le souffleta de son bouquet.

— A l'atelier, c'est bien, mais ici c'est mal.

— Voyons, Héloïse, vous n'allez pas faire des manières, puisque vous n'en faites pas quand vous posez pour un louis.

— Oui, mais ici il n'est pas question d'argent. Et puis, à l'atelier, je pose pour un homme qui n'est pas amoureux, tandis qu'ici ce n'est pas un artiste qui me regarde.

— Pour être amoureux, on n'en est pas moins artiste. Expliquez comment une si belle fille ne roule pas carrosse à Paris?

— Prince, vous comptez sans ma vertu.

— Ne parlons pas des absents! songez-donc que, si vous voulez voyager avec moi, je vous donnerai un palais.

— Oui, oui, je vous connais. Cela, c'est beau de loin, mais quand j'y serai, ce palais sera une prison; j'aime bien mieux mon insouciance parisienne et...

— Et vos trois ou quatre amants, sans doute?

— Je jure, sur ma part de paradis, que je n'en ai pas un seul!

Voilà à peu près le commencement de la causerie telle que me l'a contée le prince; un fâcheux l'a empêché de me conter le reste.

Ici, nous nous perdons dans le champ des suppositions. On dira que le champ n'est pas vaste dans un cabinet particulier du Café Anglais.

Ce qui est acquis à l'histoire, c'est qu'on vit reparaître le prince tout seul au bal masqué, c'est qu'on ne revit pas le domino lilas.

Ce qui n'empêcha pas la belle madame Praxitèle de faire les honneurs du souper dans un domino blanc, symbole de chasteté, avec toutes ses grâces souveraines.

Aussi disait-on à toutes les tables:

— Est-il heureux, ce Praxitèle, d'avoir une pareille femme!

Madame Praxitèle s'était démasquée.

Le prince était muet de surprise.

— Telle est mon opinion, dit-il tout à coup, en se levant vers elle, une coupe à la main.

Et il porta un toast au grand sculpteur et à toutes les déesses de son Olympe.

*
* *

Le bruit se répandit dans le monde parisien que le prince*** était amoureux de Mme Praxitèle.

Un ami de Praxitèle, qui faisait la cour à sa femme, avertit le grand sculpteur. C'est toujours comme ça. Praxitèle se disait au-dessus de toutes les misères humaines, mais, à l'Institut et à la cour, il fut mordu par quelques regards moqueurs. Il tomba dans le ridicule des maris jaloux; il mit en campagne le commissaire de police, lequel alla chez le prince et constata un flagrant délit.

Mais qui fut bien étonné?

Ce fut Praxitèle, lui-même, car le prince fut surpris, non pas avec madame Praxitèle, mais avec mademoiselle Héloïse.

Pourquoi mademoiselle Héloïse au lieu de madame Praxitèle? Tout simplement parce que le prince, toujours émerveillé de la Phryné, avait voulu revoir ses beautés au détail, c'est-à-dire qu'il faisait poser chez lui tour à tour les sept femmes qui avaient posé pour la Phryné.

Un prince artiste s'il en fut!

*
* *

Aujourd'hui, madame Praxitèle, dans la mélancolie des souvenirs et regrets, soulève encore quelquefois en soupirant le domino lilas. Elle était si belle et le prince était si beau !

Dans toute femme du monde, douée de beauté et de charme, il y a une Phryné qui voudrait dévoiler ses grâces.

Les plus héroïques la cachent et l'étouffent sous la robe feuille morte de leur vertu; mais combien qui finissent par montrer Phryné à l'aréopage !

Documents manquants (pages, cahiers...)

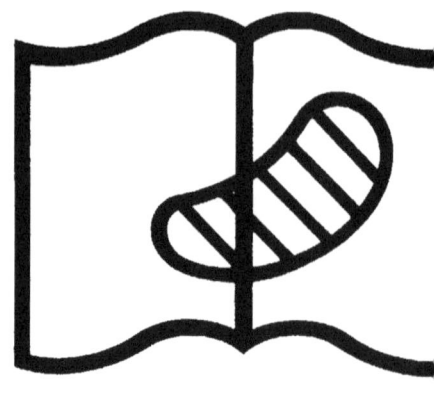

Original illisible

LA

CHANSON DU STRADIVARIUS

Marie Falconnier, cette fille sans idéal, eut pourtant son heure de poésie. Elle apprenait la vie en soupant : — Voyez le profil de son ventre. — Or, en soupant, dans le cliquetis des verres et des mots, elle remarqua un soir monsieur ***, un gentleman violoniste qui s'attardait aux bagatelles de la porte. Il la reluquait pour être célèbre à Paris. C'est le vin retour des Indes.

— Mais vous êtes déjà célèbre?

— Oh! je ne me fais pas d'illusions, je suis célèbre un peu trop comme les merveilles de la foire. J'en ai assez du bruit que je fais, je n'oublie pas que je suis un grand prix du Conservatoire, je veux arriver à l'Académie nationale de musique.

— Eh bien, nous partirons demain pour Bruxelles, puisque c'est le chemin.

Ce fut là le commencement de la fortune de Marie Falconnier, fortune toujours éphémère, car elle mérite un grand prix de gâcheuse. L'or, dans ses mains, se change en monnaie de singe. Elle disait d'une de ses amies:

« Moi, je suis l'ange du désordre, tandis qu'elle en est le démon. »

La voilà donc partie pour Bruxelles, non sans y donner rendez-vous à tous ses amis, car elle a horreur de la solitude, ce que je comprends bien! car si j'étais Marie Falconnier je ne voudrais pas me trouver en face de moi-même.

*
* *

Elle arriva le soir à Bruxelles. On soupa gaiement.

C'était à l'hôtel du Parc, où le grand violoniste avait demandé deux chambres contiguës. Elle trouve cela distingué, elle l'embrasse, elle se déshabille et elle se couche, en se disant : « Dieu merci, je ne veux pas autre chose ici qu'un amour platonique avec cet homme qui ne joue pas les Antinoüs. »

Comme ce n'est pas une méditative, à peine couchée elle s'endort.

La voilà tout à coup surprise dans son sommeil par un rêve divin : elle s'imagine que tous les anges du ciel lui jouent des symphonies. C'est un pur ravissement, elle n'a jamais été à pareille fête.

Elle entr'ouvre les yeux, les anges ne sont pas là, mais elle voit M. *** qui joue du violon.

Ce qu'il a à la main, c'est un stradivarius

où s'agitent les âmes de trois ou quatre musiciens.

C'est mieux que le violon d'Orphée, c'est mieux que le violon d'Hoffmann, c'est mieux que le violon de Paganini.

Jusqu'ici la figure de M. *** ne l'avait pas séduite; c'était la figure de tout le monde; mais par le génie de l'art, cette figure s'est illuminée et irradiée : elle jette feu et flammes.

Marie Falconnier est tout à fait réveillée, elle se soulève de plus en plus surprise et charmée. M. *** s'approche insensiblement pour mieux envelopper la belle dans ses symphonies.

Non seulement elle est vaincue et desarmée, mais elle ouvre ses bras avec transport en s'écriant :

— Oh que c'est beau !

Elle confond l'homme avec le musicien.

Le stradivarius et M. *** se jettent dans les bras qui lui sont ouverts.

*
* *

Joli tableau, n'est-ce pas, ce grand musicien ne prenant les femmes que si elles se donnaient d'abord à son violon.

C'était pour lui la préface de toute aventure et de toute passion.

Il savait que, pour arriver à la volupté des frissons, aux frémissements de la chair, au paroxysme des étreintes, il fallait jouer de tous les magnétismes. Pour cela il n'avait que son violon, puisqu'il ne pouvait compter ni sur sa jeunesse, ni sur sa figure.

— Ah! comme il a bien joué du violon cette nuit-là! s'écrie souvent Marie Falconnier.

DON JUAN VAINCU

I. — QU'EST-CE QUE LA VERTU?

Un soir que nous nous perdions dans l'éternel féminin, courant tous les abîmes du cœur, cherchant la femme au delà et en deçà de la femme, mon ami X voulut bien m'avouer que la vertu n'était pourtant pas bannie de ce monde.

Mais il prit son sourire malin et me dit d'un air doctoral :

— Qu'est-ce que la vertu, si elle n'est pas attaquée? Qu'est-ce que la vertu, quand je l'attaque? Je ne parle pas de cette légion de bourgeoises, qui s'imaginent savoir quelque chose de l'amour parce qu'elles ont mis au monde beaucoup d'enfants. Je ne parle pas de la femme du peuple, qui est vertueuse sans le savoir dans sa vie de travail et de sacrifice. Je parle de la femme oisive, qui a le temps d'étudier le pour et le contre, et qui finit par le Mal, tout simplement parce qu'elle est curieuse.

— Excepté, dis-je, celle qui finit par le Bien, parce que Dieu a mis dans la femme le sentiment de la dignité.

— En connaissez-vous beaucoup?

— Mais je ne connais que ça. La *Gazette des Tribunaux* seule m'apprend qu'il y a des femmes — adultères, comme les offices de mariage m'apprennent qu'il y a des filles — à marier. Mais, autour de moi, je ne vois que des modèles de sagesse. Tenez, passez-moi le mot, j'ai vu hier un modèle qui pose pour les madones, et, qui après une vraie passion, peut encore poser pour les vierges.

— Où la vertu va-t-elle se nicher? dit mon ami X en jetant une bouffée de fumée par la fenêtre.

Je lui contai cette histoire toute fraîche d'une vierge adorable.

II. — LE PARADIS RETROUVÉ

Eugène d'Aure est un jeune peintre, né à Paris, mais tout empourpré au soleil espagnol; il est emporté, violent, audacieux. Il jure par Fortuny et Madrazo. Il joue les Don Juan dans son atelier, — et dans les fêtes des demi-mondaines. — Ces dames posent pour lui. Pour se multiplier, il les peint en Vierges, en Danaës, en Madeleines, en Vénus. Et en peintre bien inspiré, il les peint plutôt comme elles veulent être que comme elles sont. Aussi est-il fort prôné dans les salons de Laborde, dans les avant-scènes des petits théâtres, au bord du lac, partout où le quasi-high-life veut triompher du vrai luxe et du vrai monde.

Son accoquinage avec ces dames n'empêche pas Eugène d'Aure de se hasarder dans les salons officiels, mais il ne s'y trouve pas chez lui. Il dit que là tout se passe en préfaces.

Il veut trop vite murmurer le dernier mot de l'amour pour aimer à platoniser sous l'éventail. Il avait, l'an passé, des opinions toutes faites sur les femmes. Selon lui, il n'y a pas de vertu; c'est là un vain mot des stoïciens. « Toute femme se donne à Dieu ou au diable, avec la même ferveur et la même passion. » Il ne croyait même pas à Lucrèce, non plus qu'il ne croyait à Joseph. Il avait coutume de dire avec quelque fatuité : « Moi, par exemple, je ne suis ni Antinoüs, ni Alcibiade, ni Lucius Vérus, ni le comte d'Orsay; eh bien, tel que vous me voyez, je suis un homme irrésistible, parce que je ne m'arrête pas à mi-chemin. Quand une fois j'ai décidé qu'une femme serait à moi, cette femme finit par me tomber dans les bras, parce que si je ne crois pas à la vertu, je crois à la volonté, comme je crois au magnétisme de la passion. »

On lui répondait : « Vous êtes un don Juan à trop bon compte, puisque vous ne vous attaquez jamais qu'aux femmes qui ne se défendent pas. » Mais il soutenait ce paradoxe, qui est bien près de la vérité, à savoir que les femmes galantes, une fois qu'elles ont leur cachet, — j'ai failli dire leur médaille, — ne sont pas les femmes les plus faciles. Elles se sont données tant de fois à leurs débuts, qu'elles finissent par prendre leur revanche. Quand il ne s'agit pas de la question d'argent, elles se payent le luxe de la résistance tout comme les duchesses.

Mais, à cette heure, Eugène d'Aure a changé d'opinion sur la vertu des femmes. Écoutez bien : Il avait à peindre, pour l'oratoire de la duchesse de Hauteroche, une madone dans le style d'Angelico da Fiésole, quelque figure extra-humaine, divinisée par les pâleurs rayonnantes. Les femmes qui posaient pour lui ne pouvaient l'inspirer dans une pareille œuvre. Cabanel lui envoya un matin une toute jeune fille, seize ans, profil idéal, yeux couleur du temps, un rêve, une vision, une figure séraphique. Naturellement, dès le premier jour, tout en dessinant cette beauté inattendue, il se mit à l'aimer, mais de cet amour brutal qui lui montait aux lèvres pour toutes les femmes posant dans son atelier.

La jeune fille se nommait Clotilde; elle vivait dans sa famille, aux Ternes, une famille pauvre, beaucoup d'enfants. On ne savait que faire d'elle, on l'avait mise chez une couturière, mais elle s'épuisait à coudre. Un peintre, qui connaissait la mère, lui avait dit que sa fille trouverait à poser — pour la figure — chez des peintres d'histoire, qui la payeraient à raison de cent sous la séance. On avait faim dans la maison, la mère se résigna, Clotilde obéit.

Cabanel lui donna un louis par séance. Après Cabanel, ce fut Chaplin. Après Chaplin, ce fut Stevens. Quand la mère, qui accompagnait sa fille, vit que les artistes étaient de braves cœurs, qui ne se préoccupaient que de leur art, elle ne craignit rien pour sa fille, qui alla poser toute seule. Ce fut ainsi qu'elle vint à l'atelier d'Eugène d'Aure. Il ne savait rien de son histoire; il ne doutait pas cependant qu'il n'eût devant lui une jeune vierge dans toute la candeur des seize ans.

Quoiqu'il aimât mieux les femmes majeures, il ne put s'empêcher, par mauvaise habitude, de faire un doigt de cour à Clodilde.

Elle sembla ne pas comprendre, car elle ne venait pas pour cela; aussi, lui qui n'y allait pas par quatre chemins, avec les autres femmes, il s'égara dans les sentiers perdus du sentimentalisme. La jeune fille l'écouta avec curiosité; c'était pour elle de l'hébreu; mais la voix était douce et pénétrante. Peu à peu elle finit par comprendre; mais elle croyait que c'était un jeu, elle ne voyait dans l'amour que le mariage, elle n'imaginait pas qu'un peintre à la mode pût épouser une fille comme elle. Aussi lui disait-elle sans cesse : « Vous vous moquez de moi. » Cependant les séances succédaient aux séances; il refaisait la figure tous les deux ou trois jours, sans jamais arriver à la sublime expression qu'il rêvait. Il semblait qu'elle fût plus dans son cœur que dans ses yeux. Il n'avait, d'ailleurs, pas hâte de finir, tant il se trouvait, tout d'un coup, comme par magie, emparadisé dans son atelier.

Clodilde lui apportait tous les matins, en entrant, je ne sais quelles savoureuses émanations des jardins de Damas, où Dieu mit, selon la légende, le premier homme et la première femme.

*
* *

III. — LA TENTATION

Eugène d'Aure voulait vivre dans cet horizon, respirant l'air de ce renouveau. Aussi fermait-il la porte à ses anciennes connaissances, les femmes comme les hommes. C'était dans la saison des fruits ; il avait invité Clotilde à déjeuner avec lui, d'un air si fraternel, qu'elle avait accepté dès le second jour, ce déjeuner frugal s'il en fût, où les pêches et les raisins étaient le plat de résistance. Pour Eugène d'Aure, le meilleur quart d'heure était le déjeuner. Il avait commencé par se mettre à table en face de la jeune fille; il finit par se mettre à côté d'elle, sur un divan d'atelier, tout imprégné de tabac. La plus belle pêche était toujours pour Clotilde. Elle avait beau s'en défendre, il fallait qu'elle se laissât faire. Pareillement la plus belle grappe de raisin : Il la regardait mordre à la pêche et à la grappe avec une curiosité voluptueuse : des lèvres si rouges et des dents si blanches !

— Le vrai fruit, lui dit-il un jour, c'est votre bouche.

Elle lui dit qu'elle ne comprenait pas. Et en effet elle ne comprenait pas.

Il dessina devant elle, pour l'amuser, cette jolie scène rustique où Jean-Jacques jette des cerises aux deux belles matineuses qu'il a rencontrées, en disant : « Mes lèvres aussi sont des cerises, je voudrais les leur jeter. »

Cette fois, Clotilde comprit; une soudaine rougeur se répandit sur sa figure.

Eugène d'Aure crut que c'était le moment de franchir le seuil de cette innocence ; il lui prit la main et la baisa. Voyant qu'elle ne s'offensait pas, il voulut lui baiser les lèvres; mais elle se leva en toute rapidité. Il tenta de la retenir, mais elle lui échappa et courut à la porte de l'atelier.

— O ma chère enfant, ne prenez pas cela au tragique!

Il se rapprocha d'elle, mais tout en prenant sa palette, car le déjeuner était fini.

— A la bonne heure, dit-elle en remontant l'estrade où elle posait.

— Voyez-vous, reprit le peintre d'une voix émue, si j'ai voulu vous embrasser, c'est parce que je vous aime.

— Vous voulez vous moquer de moi, murmura Clotilde, en baissant les yeux.

— Depuis que je vous ai vue, une révolution s'est faite en moi. J'ai beau vouloir lutter, je suis vaincu par vous.

— Eh bien! il faudra en parler à ma mère.

— A votre mère? mais je ne veux en parler qu'à vous-même.

— Alors je ne veux pas vous écouter. D'ailleurs, je ne crois pas un mot de ce que vous dites.

— Mais si vos oreilles ne m'entendent pas, vos yeux me voient bien.

— Peut-être, murmura Clotilde, en ouvrant

le livre d'heures qu'elle devait lire en posant.

Eugène d'Aure alla à elle.

— Clotilde, je vous jure que je vous aime de toute mon âme.

— Moi aussi, dit-elle, je vous aime de toute mon âme.

Devant cette révélation toute simple, le peintre ne fut pas convaincu.

— C'est vous qui vous moquez de moi, dit-il à Clotilde.

— C'est mal ce que vous pensez là.

— Pourquoi m'aimeriez-vous?

— Pourquoi ne vous aimerais-je pas?

Eugène d'Aure raconta à Clotilde comment elle avait apporté le bonheur chez lui, comment par sa candeur adorable, elle avait exorcisé son atelier, comment elle avait chassé de chez lui les péchés capitaux, représentés par les femmes de mauvaise vie qui venaient faire le sabbat chez lui.

— Tout m'était odieux, lui dit-il; tout m'est doux depuis que je vous vois. C'est comme une bénédiction du ciel.

— Si vous parliez sérieusement, comme je serais heureuse moi-même.

— Oh! oui, je parle sérieusement.

Le peintre avait repris la main de son modèle. . .

— L'amour, ce n'est pas un crime, c'est le mariage des âmes.

Et s'approchant un peu plus :

— C'est le mariage des lèvres.

Cette fois, il embrassa Clotilde avant qu'elle eût le temps de détourner la tête.

Elle se leva indignée, elle se précipita de l'estrade et courut à son chapeau, pour s'en aller.

— Clotilde, lui dit-il, je vous demande pardon.

— Je ne vous pardonne pas, monsieur, parce que vous ne m'aimez pas.

Clotilde avait les larmes dans les yeux.

— Revenez, Clotilde, je vous jure que je ne vous aimerai plus.

— Puisque vous jurez, je vous crois. Je vous en prie, monsieur, puisque nous ne pourrions pas nous entendre, il faut que je ne sois pour vous qu'une pauvre fille qui vient poser.

Eugène d'Aure allait de surprise en surprise ; il était très savant à l'attaque ; il avait pris les femmes de face, de profil, de trois-quarts. Tour à tour souple ou téméraire, passionné ou railleur, les grisant de paroles brûlantes, ou les enivrant par toutes les éloquences de l'imprévu, les femmes n'aimant pas à entendre la même chanson. Mais, devant Clotilde, il sentait que toute sa tactique échouait et échouerait ; il voyait bien qu'il était à cent mille lieues d'elle. Et pourtant elle l'aimait tout comme il l'aimait ; mais c'était là sa force de puiser sa vertu dans son amour.

*
* *

IV. — LA COUPE ET LES LÈVRES

Quelques jours se passèrent ; on se reparla doucement ; on se dit des choses touchantes, mais on ne fit pas un pas de plus ; où plutôt, dès que la volupté faisait un pas, l'amour s'éloignait attristé — tableau à la Prudhon. Eugène d'Aure finit par s'irriter de cette résistance, d'autant plus que sa passion le tourmentait ; il dormait mal ; il ne sortait guère ; il s'ennuyait partout ; il aimait son atelier, même quand Clotilde n'y était plus. Il avait déjà accroché dans sa chambre trois ou quatre ébauches de la jeune fille, prises dans les expressions les plus sentimentales. Mais il était trop habitué aux joies corporelles, pour s'acclimater dans les purs horizons de l'âme ; il ne pouvait enchaîner ses sens en révolte ; il avait beau se dire que cette jeune fille était la vertu dans ses plus chastes aspirations, il la voulait femme et se la représentait femme. Il n'avait vu que sa figure, ses pieds et ses mains ; mais il lui donnait toutes les beautés du corps.

Elle marchait avec une grâce ingénue et svelte, mais non désinvoltée ; il ne doutait pas que tout en elle n'eût la marque du suprême artiste, mais il ne pouvait se contenter d'une muette admiration. A tout instant, il aurait voulu ouvrir ses bras pour les refermer sur elle ; plus d'une fois, quand elle posait, il lui avait soulevé les cheveux pour leur donner plus de morbidesse et de légèreté, sans pourtant les répandre en broussailles ; or, chaque fois qu'il les avait touchés, il lui semblait que ses doigts étaient des tisons ardents, tant le magnétisme avait d'action. Il se gardait bien de confier à aucun de ses amis cette métamorphose de don Juan en Werther. Il ne désespérait pas de triompher de Clotilde, se disant que toutes les innocences sont gouvernées par des anges gardiens qui ne sont pas toujours là.

Clotilde s'était bercée dans des espérances

de mariage, quoiqu'elle sentît bien qu'elle était séparée d'Eugène d'Aure par un abîme.

Pour lui, il n'avait pas songé une seule fois à épouser la jeune fille. Il n'avait pas l'habitude de se marier quand il était amoureux : quoiqu'il fût plus amoureux que jamais, il ne songeait point à la cérémonie.

Cependant la poseuse ne pouvait pas toujours poser ; la madone était achevée et parachevée. La mère de Clotilde s'étonnait de cette lenteur à faire une figure.

Elle était venue deux fois avec Clotilde, quelque peu inquiète de la voir toujours aller au même atelier. Mais le peintre ne pouvait se résigner à se séparer de cette jeune fille, qui était devenue le charme de sa vie et l'âme de son cœur. Quoiqu'il se trouvât fort ridicule, de parfiler ainsi le parfait amour il voulait continuer encore, espérant toujours tout du lendemain.

Vint enfin le dernier jour où Clotilde devait poser ; c'était même plutôt pour lui dire adieu que pour poser encore, car depuis trois ou quatre séances, il faisait à peine semblant de prendre ses pinceaux pour des retouches imaginaires. Ce jour-là, on déjeuna encore tête à tête, sur le divan au tabac.

— Dites-moi, Clotilde, demanda le peintre

à la jeune fille, est-ce que vous aurez le courage de ne pas revenir demain, après-demain, toujours?

— Il le faut bien.

— Vous ne savez donc pas quel va être mon chagrin de ne plus vous voir?

— Je reviendrai, mais plus tard; ma mère a promis à M. Carolus Duran que je passerais chez lui tous ces jours-ci.

— A propos, j'oubliais que je vous dois beaucoup d'argent. Est-ce que vous avez compté?

— Non. Et vous?

— Moi non plus.

Le peintre prit un calendrier.

— Je suis ruiné. Je vous dois cinq cent soixante francs.

Eugène d'Aure alla dans sa chambre et en revint bientôt en faisant sonner vingt-huit louis.

— Tenez, dit-il, voilà qui est pour votre mère, mais je ne veux pas que vous ayiez posé pour rien. Voilà pour vous vingt-huit louis.

Clotilde parut offensée.

— Jamais! dit-elle.

— C'est bien simple, pourtant. Vous ne voulez pas accepter un souvenir de moi?

Il y avait des fleurs sur la table. Clotilde prit une petite rose et la mit dans ses cheveux.

— Vous êtes adorable, lui dit le peintre.

Cette fois encore, il se hasarda à vouloir l'embrasser ; il fut heureux de voir qu'elle se pencha vers lui avec une bonne grâce charmante.

— Oui, dit-elle, parce que je vais vous quitter.

Ce fut bien le plus divin baiser qu'il eût pris jusque-là sur des lèvres amoureuses.

Il s'imagina qu'il devait se risquer plus loin, mais soudainement la candeur de Clotilde était revenue dans toute sa force inattaquable. Une fois encore Eugène d'Aure se sentit pour ainsi dire enchaîné dans sa passion. Plus que jamais il subit l'ascendant de la vertu.

Je le rencontrai vers ce temps-là, il me conta ces virginales amours, fraîches comme la rosée, douces comme la pervenche.

— Vous ne vous imaginez pas, me dit-il, comme le renouveau m'a saisi. Je me sens dans une atmosphère printanière; il me semble que je suis une aubépine en fleur.

Il riait bien un peu de lui-même en disant cela, mais il était de bonne foi.

— Et comment finiront ces virginales amours?

— Je ne m'en doute pas. Ce que je sais, c'est que je suis aux anges tout en désespérant du bonheur.

— Mon cher ami, c'est que le bonheur n'est qu'une vision. Quand on a saisi son idéal on n'a plus rien sous la main.

— Je vous jure que si Clotilde venait se jeter dans mes bras, j'étreindrais le bonheur avec délices; et j'aurais quelque chose sous la main. Mais je désespère d'en arriver là, à moins que je ne passe pas le mariage.

A quelques jours de là, Clotilde revint à l'atelier d'Eugène d'Aure.

— Pourquoi venez-vous, lui dit-il. Je veux vous oublier.

— Je ne veux pas être oubliée.

— Je vous aime trop pour risquer de vous voir.

— Et moi je vous aime trop pour ne pas vous voir.

— Si vous m'aimiez...

Le peintre appuya Clotilde sur son cœur, mais il fut bientôt désarmé par le regard bleu de ciel de la jeune fille.

— Je vais mourir de chagrin, dit-elle, en lui montrant deux larmes dans ses yeux.

Il tenta de continuer le combat, résolu à en finir; mais elle fut héroïque dans sa chasteté.

Elle lutta, pour l'amour divin, contre l'amour profane.

La passion fut encore vaincue par le sentiment.

4

— Adieu, lui dit-elle, vous ne m'aimez pas.
— C'est vous qui ne m'aimez pas.
— Je ne vous aime pas. Non, je ne vous aime pas...

La porte de l'atelier s'était refermée sur les derniers mots de la jeune fille.

— La singulière créature! dit Eugène d'Aure; s'imagine-t-elle donc que je vais aller demander sa main?

Clotilde ne s'imaginait pas cela du tout. Elle aimait le peintre profondément, de tout son cœur et de toute son âme; mais il lui semblait qu'elle perdrait son amour par les profanations. C'était un adorable sentiment, dont elle savourait chastement les délices. Eugène d'Aure réalisait son rêve de jeune fille: il était beau et désinvolté; il avait du talent et de l'esprit. Penser à lui, le regarder peindre, le voir dans son souvenir, c'était toute sa vie; elle eût trouvé bien doux d'être souvent penchée sur son cœur et enchaînée dans ses bras, mais sa vertu se révoltait, ne voulant pas tomber toute blanche en sacrifice. Un moraliste a dit : « La fierté de la résistance est plus impérieuse que la volupté de l'amour. » Clotilde luttait donc victorieusement contre elle-même, n'osant plus retourner chez le jeune peintre qui croyait avoir raison d'elle en jouant la froideur.

Elle tomba malade et confia son chagrin à sa mère.

La mère, qui ne voulait pas perdre sa fille et qui croyait que l'amour prime la vertu, ne craignit pas de lui proposer un mariage au vingt et unième arrondissement. « Après tout, lui dit-elle; tu feras comme ta sœur. Vas, la misère porte conseil. Ce jeune peintre n'est pas un rien qui vaille, tu seras très heureuse avec lui et il finira peut-être par t'épouser. La moitié des mariages se font de cette façon, si bien qu'on ne se trompe ni l'un ni l'autre. »

La mère n'avoua pourtant pas à sa fille qu'elle avait pris ce chemin-là.

— O maman! dit Clotilde, une femme comme toi! Est-ce bien toi qui me parles? Tu viens me proposer de mal faire. J'aime mieux mourir.

— Eh bien! meurs, ma fille.

Sachant Clotilde malade, le jeune peintre vint la voir.

— Par un si beau temps! lui dit-il; mais comment ne seriez-vous pas malade ici? On ne respire pas dans votre chambre; on ne voit ni les arbres ni le ciel.

— Oh! oui, le ciel et les arbres; il y a un an que je n'ai respiré dans la campagne.

— Eh bien! mettez vos bottines et je vous

emmènerai au lac d'Enghien ; c'est là que j'ai transporté mon atelier.

— Oh ! je veux bien, dit Clotilde, je me sens revivre à la seule idée d'être au milieu des arbres.

— Allez ! allez ! dit la mère ; gardez-la avec vous ; vous êtes un brave cœur, vous seul vous pouvez la sauver.

Clotilde se confia à Eugène d'Aure. Il lui donna la plus belle chambre de son petit pavillon d'Enghien ; il lui arrangea une existence charmante, dans un cercle d'oiseaux, de poules, de pigeons et de fleurs.

Il avait une barque sur le lac ; il y promena la jeune fille. Il la promena aussi par tous les jolis sentiers de la vallée de Montmorency.

Clotilde revint bien vite à elle ; sa pâleur s'effaça sous les couleurs de la santé. La joie rayonnait dans ses yeux. La saison se passa ainsi. Tout le monde, en les voyant bras dessus bras dessous, disait que c'était là des amants heureux. On n'y voyait pas de mal, parce qu'ils avaient l'air d'être créés l'un pour l'autre, tant ils étaient charmants tous les deux. Mais c'étaient toujours des amoureux ; ce n'étaient pas des amants. Vainement, pendant tout l'été, Eugène d'Aure avait-il voulu triompher des rébellions de Clotilde, par la surprise, par la douceur, par la prière, par le désespoir : toujours il avait échoué. Il se sentait tant aimé, qu'il n'avait pas la force de briser ; il s'accoutumait, d'ailleurs, au charme étrange de cet amour invincible ; il avait beau représenter à Clotilde qu'elle n'avait pour elle ni l'opinion publique, ni sa mère, ni ses sœurs, elle lui répondait : « J'ai pour moi ma vertu, mon âme et Dieu. C'est par ma vertu, c'est par mon âme, c'est par Dieu que je vous aime.

Et Eugène d'Aure disait toujours que le mariage n'était pas dans ses habitudes. Quelle que fût sa passion, il se révoltait à l'idée de monter l'escalier de la mairie. Il y avait du bohème en lui, quoiqu'il fût bien né. Peut-être parce qu'il était bien né, car il n'y a plus de ligne droite dans la société contemporaine, où chacun se fait une morale à soi. Il avait le cœur trop loyal pour tromper Clotilde par une promesse de mariage : le mensonge lui paraissait indigne de lui comme d'elle-même ; il espérait que le feu de sa passion finirait par embraser la jeune fille ; mais elle traversait les flammes vives, comme la salamandre, sans s'y brûler. Il croyait tous les jours faire un pas nouveau. Clotilde était heureuse d'aimer et d'être aimée, sans descendre des régions séraphiques. Pourquoi chercher l'orage quand on vole dans le bleu ? Pourquoi chercher un lit sur la terre quand on ne cherche que les rêves de l'âme?

Cependant les amis d'Eugène d'Aure se moquaient de lui. Il avait eu le tort de parler avec quelque désinvolture des beautés de Clotilde comme s'il les possédait ; mais quand on sut qu'il en était réduit à filer le parfait amour, on lui demanda s'il renonçait à Satan et à ses œuvres ; on lui conseilla en le raillant de renoncer aussi à retrousser sa moustache et à porter son chapeau sur le coin de l'oreille.—Cela m'amuse, disait-il. Mais on lui répondait : — Cela t'amuse de ne pas t'amuser.

C'est toujours un tort pour les jeunes gens d'afficher un amour quand ils sont pris par le cœur et qu'ils veulent sauvegarder la dignité de la femme aimée. C'est déjà déchirer la robe de la vertu ; le mystère est le meilleur compagnon de l'amour.

Jusque-là, Eugène d'Aure était trop habitué à vaincre les femmes déjà vaincues ; il s'effrayait presque de ses faciles triomphes, croyant que nul autre que lui ne pouvait se prévaloir de tant de conquêtes ; les adorables rébellions de Clotilde l'étonnèrent donc sans le désarmer ; il ne voulait pas qu'il fût dit qu'une fillette ayant posé dans son atelier le tiendrait à distance respectueuse ; quoique au fond ce ne fût pas un dépravé, il ne sentait plus bien le charme de la vertu, comme ces paysagistes accoutumés aux coups de soleil de l'Orient ne comprennent plus les suaves demi-jours des paysages du Nord.

— Il faut en finir ! dit-il.

Il imagina un voyage en Italie avec Clotilde.

— C'est bien loin, lui dit-elle.

Mais comme il était de plus en plus tendre, elle se laissa prendre, pensant qu'un voyage en Italie est un pèlerinage au berceau de la religion, comme au pays de l'art.

Elle embrassa sa mère et partit allègrement.

Un voyage, aujourd'hui, a perdu toute la poésie des anciens jours: c'est un train de plaisir ou une course forcée; c'en est fait de l'aventure, de l'imprévu. Eugène d'Aure eut pourtant l'ingéniosité d'amuser l'esprit de Clotilde.

A la première station italienne, c'est-à-dire à Turin, l'hôtelier lui demanda si elle voulait d'une chambre à deux lits ; Clotilde se hâta de répondre : « Deux chambres à un lit. »

Et il en fut ainsi jusqu'à Naples, en passant par Milan, Venise, Bologne, Florence et Rome. Son compagnon espérait toujours que ce gentil oiseau bleu s'apprivoiserait et replierait doucement ses ailes sur lui, mais c'était toujours la fontaine de source limpide et inaltérable.

Clotilde fut charmée dans le voyage moins

encore par ce qu'elle voyait dans le pays des
œuvres immortelles, que par le plaisir de voir
Eugène d'Aure heureux d'être avec elle. Du
reste, il lui expliquait avec éloquence les beautés de la peinture italienne, qui exprime tous
les sentiments, depuis les fresques grandioses
de Michel-Ange, jusqu'aux apparitions idéales
d'Angélico da Fiesole. Celui-ci était bien plus
que Michel-Ange le peintre de Clotilde qui vivait surtout par l'âme.

A Venise, un jour, dans une gondole, à
moitié endormie, elle s'était laissée bercer avec
un doux abandon sur le cœur d'Eugène d'Aure.
Comme elle semblait sans défiance, il n'eut pas
le courage de couper les ailes de la colombe;
elle semblait rêver, il eut peur de la réalité. Mais
le soir, quand ils furent rentrés dans l'hôtel, et
que Clotilde eut repris sa sérénité presque gla-
ciale, il s'accusa de n'avoir pas cueilli l'heure et
il se promit de ne plus être un écolier. A la première occasion — cette occasion ne se retrouva
qu'à Naples. — Ce n'était plus l'Adriatique voluptueuse, mais c'était cette belle mer bleue des
poètes et des amants. Il avait loué une barque
et il promenait Clotilde près des rives de Baïa.
Ils étaient plus que jamais loin du monde, dans
la solitude irisée, dans le silence qui chante
des hymnes perdues. Le soleil seul les regar-

dait ; ils se mirent à l'ombre des voiles en face d'un horizon sans fin.

Clotilde subit la douce influence de ce pays enchanté ; comme à Venise, elle se pencha amoureusement sur Eugène d'Aure ; comme dans la gondole de Venise, il lui baisa les cheveux et la pressa dans ses bras ; comme à Venise, elle s'abandonna, ne croyant pas que son amoureux songeât à devenir son amant ; mais le don Juan s'était réveillé ; elle se crut perdue, la terreur la prit, elle le jeta à ses pieds et se précipita dans la mer, ne voulant pas que son invincible vertu fût vaincue. Eugène d'Aure se jeta, lui aussi, dans la mer, non pas pour mourir, mais pour sauver cette pauvre fille qui avait ainsi le culte de sa pudeur. Les Lucrèce sont rares, mais elles se sont perpétuées.

Eugène d'Aure ramena bientôt Clotilde qui continuait à se débattre dans ses bras comme si elle eût encore peur de lui ; on peut dire qu'il la sauva malgré elle ; ce ne fut pas sans peine qu'il parvint à la remettre dans la barque. Il l'aimait trop pour lui en vouloir, il se jeta à ses genoux et implora son pardon.

Plus il la voyait, plus son amour se changeait en idolâtrie ; c'est que, plus il la voyait, plus elle était belle de cette beauté idéale des femmes qui vont bientôt mourir ; il semblait que

Clotilde eût la prescience du ciel dans ses révoltes contre tout ce qui était terrestre.

Le soleil eut beau sécher par un vif rayonnement les habillements de la jeune fille, elle ressentit un froid fatal.

On retourna à Naples en toute hâte, mais il fallut deux heures pour se retrouver à l'hôtel de Russie. La fièvre avait pris Clotilde; on appela un médecin; la nuit, elle eut le délire : elle reprocha au jeune peintre de ne pas l'avoir épousée, puisqu'ils s'aimaient tous les deux. Pour la calmer dans ses anxiétés, il lui promit qu'ils se marieraient bientôt.

Il berça donc doucement Clotilde par l'idée d'un prochain mariage. Elle voulait partir, mais le médecin s'y opposa. Elle avait beau se recommander à Dieu et à sa mère, elle ne revenait pas à elle; chaque jour qui passait lui enlevait un peu de ses forces, mais sans atteindre sa beauté.

Eugène d'Aure était désespéré, car plus on allait et moins il croyait pouvoir conduire la mourante à Paris. Comme le médecin, pour la consoler, lui disait qu'elle était bien mieux à Naples sous les douceurs du soleil que dans ce Paris pluvieux où on respirait mal, elle dit au jeune peintre :

— Pourquoi ne nous marierions-nous pas à Naples?

Il tenta de lui prouver que c'était à peu près impossible, mais elle lui dit bien gentiment que l'amour faisait des miracles. Il finit par promettre, tout en n'y croyant pas lui-même. Mais à cette seule espérance, Clotilde sembla revivre. Peut-être pourrait-il ainsi la sauver en lui donnant cette grande preuve de son affection. Il alla voir le consul de France qui lui apprit que le mariage français avait été consacré à Naples. Il ne fallait pour cela que recevoir le consentement des deux familles.

Eugène d'Aure écrivit à sa mère et à la mère de Clotilde. Mais les réponses se firent attendre. Clotilde fut plus près de la mort. Elle demanda un prêtre : « N'est-ce pas, lui dit-elle, que vous pouvez nous marier religieusement sans que nous passions par toutes les lenteurs de la loi. »

Le prêtre répondit que cela ne se faisait plus, même en Italie.

Mais en voyant le sceau de la mort déjà imprimé sur la figure de la jeune fille, il ajouta que Dieu permettait a l'Église de sauver les âmes parce que les lois divines primaient les lois humaines.

Il promit qu'il reviendrait le soir, avec l'image du Seigneur et avec l'eau du Jourdain. Clotilde le remercia en lui disant qu'elle allait bien prier Dieu. Eugène d'Aure, tout à sa douleur, n'eut garde de la désabuser; d'ailleurs, dans les grandes crises, les plus sceptiques se retournent vers le ciel.

Clotilde lui tendit les bras avec la plus douce expansion.

— Ah! mon cher Eugène, tu ne sais pas combien je t'aime! Tout mon cœur, toute mon âme est à toi. Si je meurs, je revivrai pour toi au ciel. Si je ne meurs pas, je serai ta femme ou ta servante.

Et les beaux yeux de Clotilde répandirent sur le jeune peintre une lumière extra-humaine.

*
* *

V. — LA MARIÉE

Le soir, le prêtre revint avec un autre prêtre qui portait un saint-ciboire, un christ d'argent, et un petit bénitier. Il trouva Clotilde debout, tout en blanc : c'était comme l'apparition d'une sainte. Eugène d'Aure avait voulu lui donner une robe et une couronne de mariée. Quoique la mort l'eût frappée d'une pâleur sépulcrale, elle était encore adorable dans sa candeur et sa vertu.

La messe commença; elle s'agenouilla et pria avec la plus sainte ferveur. Eugène d'Aure, qui avait douté de tout, reprenait sa foi; il s'agenouilla lui-même auprès de Clotilde.

Les prêtres italiens sont tout bons ou tout mauvais. Quand ils sont bons, c'est qu'ils croient à Dieu; quand ils sont mauvais, c'est qu'ils font le métier de vendre des prières. Heureusement, c'étaient deux bons prêtres qui venaient d'entrer à l'hôtel de Russie.

Le mariage se fit donc avec toute la solennité que donne la religion; on était dans une simple chambre d'hôtel, mais on ne voyait que Dieu, Celui qui protège les pauvres créatures.

Les larmes tombèrent si abondantes des yeux du jeune peintre qu'il ne voyait plus clair pour passer l'anneau nuptial à la main de cette douce Clotilde qui allait être sa femme.

Une demi-heure après, tout était fini. Clotilde mourante n'eut pas la force de se recoucher toute seule. Eugène d'Aure la porta dans son lit toute vêtue encore de sa robe de mariée.

— Écoute, lui dit-elle, laisse-moi mourir dans cette robe blanche; quand je serai morte, je serai toute habillée pour le cercueil.

— Mais tu ne mourras pas, ma femme adorée!

— Oui, ta femme, c'était mon rêve. Je meurs avec joie. Ta famille ne m'en voudra pas puisque tu vas être libre d'en épouser une autre.

— Jamais ! s'écria le jeune peintre ; d'ailleurs tu ne mourras pas.

Elle essaya un dernier sourire.

— C'est fini, dit-elle en lui serrant la main. Je suis bien heureuse. Adieu ! Tu mettras dans mon tombeau ma couronne de mariée.

Eugène d'Aure ne se croyait pas si près de son désespoir, mais ce furent les dernières paroles de Clotilde. Après deux évanouissements, elle s'endormit le soir dans le sourire des anges.

On peint toujours mal la douleur de ceux qui survivent. Eugène d'Aure aurait voulu se coucher dans le même cercueil. Se consolerait-il jamais d'avoir perdu une si belle et si douce créature !

Il avait une cousine enterrée à Rome, à Saint-Louis des Français. Cette cousine avait été sa première pensée amoureuse, il voulut que Clotilde reposât auprès d'elle. Il emmena pieusement la morte à Rome, où il réunit quelques amis de l'École française, pour lui faire des funérailles dignes d'elle.

Il enterra son cœur avec Clotilde.

Quand il revint à Paris, on voulut lui parler

gaiement de cette pauvre fille ; mais, sans dire un mot, par son attitude et par sa pâleur, il imposa un silence respectueux.

*
* *

VI. — DON JUAN VAINCU

Un an s'est passé. Il ne faut pas encore mal parler devant lui des femmes, même de celles que la misère oblige à se déshabiller pour les peintres.

La Vertu n'est pas une plante rare cultivée seulement dans les grandes familles et dans les couvents : Elle pousse partout, parce qu'elle est l'image visible de Celui qui ne se montre jamais.

Don Juan lui-même se sent pâlir devant la Vertu.

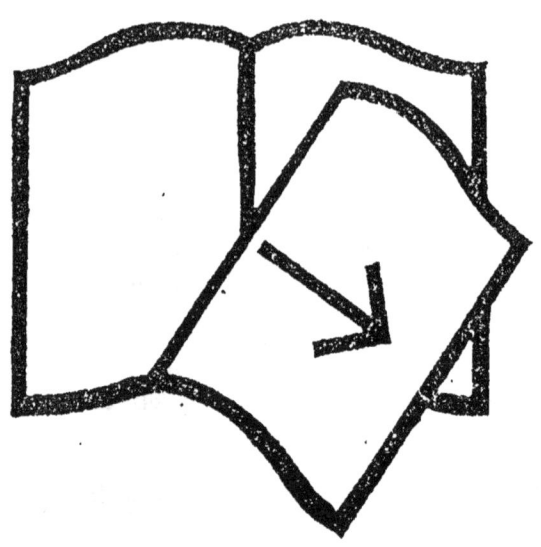

Couverture inférieure manquante

ARSÈNE HOUSSAYE
CONTES POUR LES FEMMES

LES FEMMES ROMANESQUES

CONTES

POUR LES FEMMES

ARSÈNE HOUSSAYE

LES ONZE MILLE VIERGES
1 volume elzévirien, illustré de 20 gravures, 5 fr.

LE DIX-HUITIÈME SIÈCLE
La Régence.—Louis XV.—Louis XVI.—La Révolution.
Édition de bibliothèque en 4 vol. in-18 à 3 fr. 50.

HISTOIRE DU 41ᵉ FAUTEUIL DE L'ACADÉMIE
14ᵉ Édition. — 1 vol. in-18, 3 fr. 50. 1 vol. in-8,
20 portraits, 20 fr.

LES DOUZE NOUVELLES NOUVELLES
24ᵉ édition. — 1 vol. illustré, 3 fr. 50.

LA COMÉDIENNE
10ᵉ édition. — 1 vol. in-18, eau-forte, 3 fr. 50.

LES MILLE ET UNE NUITS PARISIENNES
4 vol. in-8°, avec 24 portraits des demi-mondaines et des
extra-mondaines, par Henri de Montaut, 20 fr.

LES GRANDES DAMES
34ᵉ édition. — 1 beau volume in-18, 3 fr. 50.

HISTOIRE D'UNE FILLE PERDUE
Avec une étude de P. de Saint-Victor, 1 vol. in-18, 3 fr. 50.

L'ÉVENTAIL BRISÉ
2 vol. portraits, 7 fr.

LE ROI VOLTAIRE
1 volume elzévirien à deux couleurs, 3 portraits, 5 fr.

LA COURONNE DE BLEUETS
1 volume, eau-forte de Théophile Gautier, 3 fr. 50.

LES TROIS DUCHESSES
10ᵉ édition, 1 vol. in-18, portraits, 3 fr. 50.

LES LARMES DE JEANNE
1 vol. in-18, portraits, 3 fr. 50.

LES CONFESSIONS
4 volumes in-8°, avec gravures. (*Sous presse.*)

*De l'Imprimerie d'*Ed. Rey, *13, quai Voltaire.*

ARSÈNE HOUSSAYE

CONTES
POUR LES FEMMES

EAUX-FORTES ET ILLUSTRATIONS PAR
HANRIOT DE SOLAR

II

SOUS LE MASQUE — UN TOUR DE VALSE
NINA ET MIMI — DAPHNIS ET CHLOÉ
DON JUAN ET CÉLIMÈNE

PARIS
C. MARPON ET E. FLAMMARION
ÉDITEURS
26, RUE RACINE, PRÈS L'ODÉON

Tous droits réservés.

SOUS LE MASQUE

I

LA comtesse Léona de S...-Y... était la femme la plus heureuse du monde

Mais qu'est-ce que le bonheur? Elle ne le savait pas : elle voulut le savoir.

On la citait dans tous les journaux comme une des étoiles du monde. Elle scintillait, que dis-je! elle rayonnait dans toutes les fêtes ; elle était fière de ses diamants et de ses perles, mais ses yeux noirs et ses dents blanches, qui s'entendaient merveilleusement pour le sourire, jetaient encore plus de lumière et d'éclat que sa couronne, ses pendants d'oreilles, son collier et ses bracelets. Ses ennemis disaient qu'elle louchait. Peut-être un peu. Mais de même que mademoiselle de La Vallière avait acquis une grâce de plus par son art de marcher en boitant, la comtesse de S...-Y... était plus jolie encore par le fa dièze de ses beaux yeux. Ce n'était pas le premier regard venu, on était plus frappé, on s'arrêtait surpris et charmé.

Il y a, si on peut dire, des imperfections toutes divines. Il a fallu à Zeuxis, dans le pays de la Beauté, sept femmes pour en faire une.

Pour moi, j'eusse préféré une des sept Athéniennes à la Vénus de Zeuxis.

Donc, madame de S...-Y... était imparfaite et adorable. Je n'entrerai pas dans le mot à mot de ses autres imperfections. Elle n'avait pas un pied à dormir debout, mais elle ne le montrait pas. Clésinger, qui causait un jour avec elle, lui demanda si elle voulait poser — tout habillée, pour une Daphné.

— Je vous donnerai l'esquisse, lui dit le sculpteur.

— Je ne pose qu'en buste, répondit-elle.

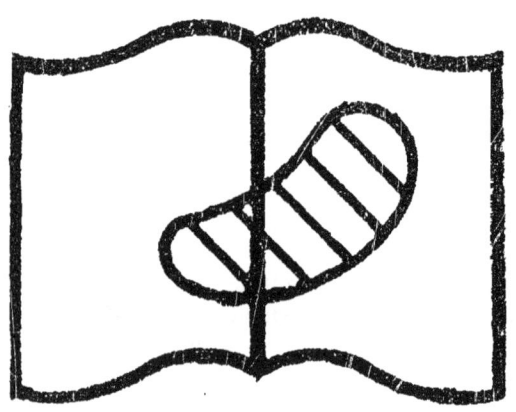

Illisibilité partielle

C'est que sa beauté s'arrêtait là, c'est que les jambes étaient grêles, c'est que le pied n'avait pas le suprême contour ni le beau dessin des femmes de marbre.

— Montrez-moi votre pied, dit Clésinger.

— Jamais, répondit-elle. Mon pied m'est étranger, c'est un pied de grue et je ne fais pas le pied de grue.

— Ni moi non plus, dit le sculpteur.

Ceci se passait dans les salons d'un grand personnage.

Comme tous les artistes de race, Clésinger dessina en lignes précises dans son esprit l'adorable expression de la comtesse, qui, un jour ou l'autre, reparaîtra dans quelque beau marbre. Elle a cela de charmant que l'amour, la gaieté, la raillerie même n'ont pu effacer en elle un doux sentiment de candeur.

Aussi, quoi qu'elle fasse, on lui pardonnera toujours : on dira qu'elle a été surprise, mais qu'elle n'y était pour rien.

Était-ce l'opinion de son mari ?

Qu'importe! Ce n'est pas son histoire avec son mari que je raconte ici.

Ce n'est pas le théâtre de la comédie qui est l'école des mœurs, c'est le théâtre du monde. C'est là que toutes les femmes jouent leur rôle sans le savoir, à l'improviste et sans souffleur.

Le bruit de l'orchestre couvre toutes les défaillances.

Pendant la première année de son mariage, madame de S...-Y... disait à son mari :

— Veux-tu valser?

Et ils valsaient ensemble, et tout était bien.

La seconde année, la comtesse valsa avec le premier venu, elle s'attarda à souper, elle ne s'indigna pas trop des intimités de la table entre une heure et trois heures du matin.

On se trompe de coupe, on mange une fraise à deux. Sous prétexte de myopie, on regarde les bracelets de si près qu'on mange les bras des yeux — et des lèvres.

La comtesse laissait faire, indifférente, dédaigneuse, croyant qu'à toute belle femme il faut un cortège.

Le mari n'avait pas peur de toutes ces idolâtries, il sentait qu'il retrouvait sa femme en rentrant chez lui, parce qu'il la retrouvait plus amoureuse; selon la vieille expression, d'autres avaient payé les fagots pour faire le feu de joie.

Quelques années se passèrent ainsi. On disait de madame de S...-Y... : Très jolie, très folle et très sage. Les plus entêtés dans leur culte pour elle, passaient tous à un autre autel après six semaines de temps perdu. Sa cour se renouvelait sans cesse.

De plus hardis tentaient l'aventure, mais les fats eux-mêmes s'avouaient vaincus.

Le mari savait cela et disait qu'il n'avait jamais eu le souci de la jalousie.

Il dit encore cela aujourd'hui ; aussi n'est-ce pas à lui que je vais dire cette histoire. Je sais son opinion sur les romans, c'est lui qui a exprimé un jour cette belle maxime : «Je ne sais pas pourquoi on lit, aujourd'hui qu'on sait tout. » Monsieur, il y a encore le catéchisme qui apprend quelque chose.

Or, il arriva un soir ceci.

A force de voir les passions s'épanouir autour d'elle, la comtesse de S...-Y... se laisse prendre par la curiosité plutôt que par l'amour.

C'était la fièvre de la trentième année.

A quarante ans, les femmes s'imaginent qu'elles sont jeunes, mais, à trente ans, elles s'imaginent que tout est désespéré. Elles sont à dix siècles de leur entrée dans le monde ou de leur mariage. Il y a si longtemps qu'on les voit, toujours les mêmes, avec le même mari, avec les mêmes bouquets. Heureusement que la mode renouvelle leurs robes. Mais ne peut-elle les renouveler tout entières !... A trente ans c'est toujours le même répertoire; on est comme la comédienne à sa centième représentation. La pièce n'est plus qu'une friperie, tout y est démodé, l'esprit comme l'émotion. Les mots ne portent plus, la source des larmes est tarie.

Aussi, pour ne plus jouer la même pièce, combien de femmes de trente ans se retirent du monde, sauf à y reparaître plus tard dans un renouveau? Combien qui tentent les périlleuses aventures de l'adultère, aimant mieux l'horreur charmante du péché que les pacifiques bonheur de l'horizon conjugal?

N'a-t-on pas vu des matelots chercher la tempête pour la braver?

La comtesse de S...-Y... avait peur du mal de mer. Elle ne voulait pas tenter les périls d'une longue traversée amoureuse, mais elle se promettait vaguement de « faire une promenade en mer » en côtoyant toujours le rivage — je veux dire le mariage.

Le nombre de jeunes gens et d'hommes mûrs amoureux de l'adorable loucherie de la comtesse est indicible aujourd'hui. On lui eût formé toute une légion d'adorateurs. Elle avait pour tous la même caresse des yeux et la même moquerie de la bouche. Tout le monde se croyait remarqué, mais elle ne remarquait qu'elle-même, et son mari était toujours son amant. Aussi M. de S...-Y... bravait-il tous les dangers avec une certaine fatuité. Quand on voit le beau monde à Paris, on voit tout naturellement le demi-monde, car on a fait cette remarque consolante ! que quiconque ne voudrait ouvrir son salon qu'aux beautés héraldiques portant un lis dans la main, la maison serait trop grande, fût-ce la maison de Socrate. Je ne parle pas des monstres héraldiques, vieilles filles contrefaites ou jeunes filles mal faites. Je laisse chez les pieuses mères de famille, les nobles épouses nées pour filer de la laine, les châtelaines qui donjonnent tout l'hiver. Je parle du monde de Paris. Je vous le dis, en vérité, mes très chers frères, le péché a mis sa marque partout. Quelle est la femme aujourd'hui qui n'ait gardé parmi ses pensées les plus secrètes ces paroles de l'Évangéliste : « Ceux qui ont péché et qui sont arrivés à Dieu dans le repentir, auront une plus belle part de Paradis que les autres, parce que la rédemption est une vertu toute divine. »

Le comte de S...-Y... conduisait un jour sa femme au bal de l'Opéra, encapuchonnée et masquée à ne pas se reconnaître elle-même.

Quand je dis qu'il la conduisit, je veux dire qu'il la mit à la porte avec une de ses amies, lui indiquant la loge louée, lui disant qu'il la retrouverait bientôt.

Ce fut pour madame de S...-Y... la vraie préface de la chute.

Elle ne fut pas plutôt à la porte de sa loge,

qu'elle vit passer un de ses adorateurs, celui qu'elle aimait le moins ; mais enfin on prend ce qu'on trouve sous la main. Elle s'essaya avec lui.

C'était un Italien ; il entra dans la loge et parla aux deux amies comme il eût fait à deux filles d'Opéra, c'est-à-dire avec le plus grand respect. Quoique étranger, il était familier à toutes les finesses du langage à la mode les jours de bal masqué, ce qui rappelle ce mot d'un ambassadeur : « Mon gouvernement sera content de moi ; je ne sais pas encore bien le français, mais je connais à fond l'argot : la diplomatie n'a donc plus de secrets pour moi. »

La comtesse de S...-Y... tout en ripostant, tantôt par un mot, tantôt par un coup d'éventail, hasarda cette réflexion féminine que, dans cette atmosphère endiablée, quand Lucifer Strauss commande à tous ses démons de jouer ses quadrilles infernaux, si une femme se trouvait seule dans l'arrière-loge avec un homme aimé, il lui faudrait quelque stoïcisme dans l'âme pour ne pas l'aimer — verbe actif — pendant cinq minutes.

Et regardant l'Italien :

— Ah ! si c'était le duc de Santa-Croze !

Santa Cruz qui ne l'a connu qu'il y a quelques années, après son fameux duel avec Alphonso de Adéma. Il est encore aujourd'hui du cercle des épées, que gouverne Carolus Duran. Mais sa grande affaire n'est pas de battre les hommes, c'est de battre les femmes, c'est-à-dire de les vaincre. Or cette renommée d'être irrésistible lui a conquis des femmes impeccables. Madame de Soucy ne lui avait pas encore entendu dire un seul mot qu'elle se croyait déjà prise par ce charmeur de vertu. Mais madame de Soucy, toutefois, n'était pas femme à risquer sa blancheur, elle était de celles qui ne pleurent pas leurs péchés pour ne pas montrer qu'elles ont péché. S'il lui arrivait un jour de faire une chute, elle n'appellerait personne pour la relever; ce serait un secret entre elle et Dieu et encore elle était bien capable de cacher cela au Père Éternel. Par exemple, elle jurait bien que si elle tombait dans les bras d'un amoureux, cet amoureux n'en saurait jamais rien.

La comtesse était blonde comme l'or.

Le duc était brun comme les corbeaux.

Elle s'aperçut un jour qu'elle l'aimait.

Elle l'aimait parce qu'il était beau et dédaigneux; elle se sentait fière de ses adorations.

Partout où elle le rencontrait, il était poursuivi par les femmes, il ne poursuivait qu'elle seule.

Madame de S...-Y... se hasarda dans le couloir avec des battements de cœur.

Elle reconnut beaucoup de jeunes gens qu'elle voyait tous les soirs, mais elle ne rencontra pas Santa-Croze. Elle avait trop peur d'être reconnue pour parler beaucoup. Elle dit pourtant quelques malices, mais se sentant trop entourée, elle se réfugia dans la loge.

C'était au moment où son mari y entrait.

Aller au bal de l'Opéra sans son mari ce n'est pas bien, mais y aller avec lui c'est absurde. Aussi la comtesse dit-elle au sien :

— Mon cher ami, ne vous montrez pas avec moi, vous feriez supposer que je viens ici, allez m'attendre sous le péristyle, nous descendons tout de suite.

Jusque-là le mari s'était promené au foyer.

Madame de S...-Y... avait eu deux heures de liberté, elle se promit bien de retrouver ces deux heures, — et, cette fois, — de ne plus les perdre.

II

Qu'est-ce que la vertu ? Un philosophe me répondra ceci ou à peu près : c'est la dignité humaine. Chez les Grecs, c'est la fille de la vérité. Chez les Romains, c'est une déesse vêtue de lin blanc, assise sur un cube tenant à la main tantôt une palme, tantôt une branche de laurier, tantôt un sceptre. Chez les chrétiens, la vertu a des ailes et s'envole au ciel, voilà pourquoi nous la connaissons si peu.

Les sages de la Grèce n'ont pu écrire le catéchisme de la vertu. Selon Zénon, c'est la vie harmonique, mais la vie harmonique est-elle dans le refrènement des passions ou dans leur épanouissement ?

Sénèque est plus vague encore : vouloir et ne pas vouloir constamment la même chose. Selon Socrate, la vertu est le fruit suprême de la raison ; selon Cléanthe, c'est la fleur suprême de la nature. Les païens avaient quatre vertus cardinales, l'Héroïsme, la Sagesse, la Justice, la Prudence ; c'était une de trop, si l'héroïsme est une vertu, la prudence n'en est pas une.

Les chrétiens ont changé tout cela, en consacrant trois vertus théologales : la Foi, l'Espérance, la Charité. Puisque l'Espérance est déjà la Foi, comment les pères de l'Église n'ont-ils pas remplacé l'Espérance par le Repentir ou la Résignation ! Deux vertus celles-là !

Faites une académie de philosophes, faites un concile de prophètes, donnez-leur à résoudre cette question : Qu'est-ce que la vertu ?

Les uns ne la trouveront pas, les autres la trouveront partout ; mais, dans le concile pas plus que dans l'Académie, on ne pourra s'entendre. L'un montrera Sapho éperdue, se jetant à la mer. L'autre, sainte Thérèse plus éperdue, jetant son cœur dans l'abîme du ciel.

Celui-ci jurera par Brutus qui tue le tyran, celui-là par Lucrèce qui se tue elle-même. Quels beaux exemples dans le martyrologe des saints comme dans le stoïsme des païens ! Si on voulait bien m'interroger, je répondrais : « La vertu est le sentiment divin qui donne à toute créature la dignité d'elle-même. »

Voilà pourquoi madame de S...-Y... voulait cacher son péché, même à son amant.

Mais elle aurait beau faire, elle aurait beau mettre un masque et s'envelopper dans un domino, elle ne pourrait cacher son péché à elle-même. Elle devait, elle aussi, sentir sa déchéance. Or, comment trouver le beau courage de la fierté dans une âme qui a vu sa chute ?

La femme de César ne serait pas soupçonnée, mais ce n'est pas assez d'être vertueuse devant les hommes, il faut encore l'être devant soi-même, devant sa conscience qui est l'image de Dieu.

Toutes ces idées des anciens et des modernes sur la vertu, traversèrent-elles l'esprit de madame de S...-Y...? Elle consentait dans sa fierté de marbre à s'humilier devant Dieu. Qu'est-ce qu'un grain de poussière devant la lumière du Très-Haut? Mais elle ne voulait pas subir la domination d'aucun homme. Il y a des amours qui ne descendent jamais jusqu'à l'esclavage. Elle savait bien que dès que la femme est vaincue, l'homme le plus amoureux rit du sacrifice et se relève de ses adorations jusqu'au rôle de triomphateur.

Et pourtant, qu'est-ce que l'amour sans le sacrifice? Qu'est-ce que l'amour sans ces enivrements qui font de deux amants une seule âme? Recommencer toujours le même rêve, s'il doit toujours échouer, à quoi bon?

Guenille si l'on veut, ma guenille m'est chère. L'homme de Molière a raison. Puisque Dieu a donné à notre âme un corps de chair, pourquoi dans notre passion la plus divine et la plus humaine, ne pas réunir les joies de la terre et du ciel? Pourquoi ne pas ouvrir les bras quand ils sont l'expression de nos désirs?

Si péché caché est à moitié pardonné, la comtesse ne serait qu'à demi pécheresse. Bien mieux, elle le serait moins encore si elle réalisait son rêve : or, son rêve, le voici :

Rencontrer à l'Opéra Santa-Croze, l'entraîner dans sa loge, lui faire croire qu'elle arrive de Madrid, ne lui parler qu'en espagnol, l'étourdir par un de ces amours impromptus qui charment le plus les hommes.

Elle lui écrivit en donnant à son écriture un caractère anglais :

« Je viens de Madrid tout exprès pour vous
« rencontrer samedi au bal de l'Opéra; à une
« heure et demie frappez à la loge n° 12. Pas une
« minute plus tôt, pas une minute plus tard. »

Le même jour elle dit à son mari : « Je retournerai encore une fois à l'Opéra, mais, pour Dieu, que nul ne le sache, pas même vous. Retenez-moi la même loge pour mon amie Hélène et pour moi. J'avertirai Hélène qui m'attendra. A trois heures vous viendrez nous chercher ou mieux encore je me ferai reconduire par Hélène, qui est un dragon de vertu et qui rentrera bien toute seule chez elle.

Le mari obéit sans qu'un nuage traversât son front. Il était d'ailleurs tout à la pensée d'une aventure qui s'annonçait pour lui.

Comme le samedi passé, il conduisit sa femme jusqu'au péristyle de l'Opéra. Il était minuit et demi, elle se mêla à la première bourrasque et elle s'envola jusque dans sa loge.

Il est bien entendu qu'elle n'avait pas appelé son amie Hélène.

Elle se montra à peine dans la loge, elle se blottit sur le canapé du petit salon, tout émue et tout embrasée par son rêve. Allait-il venir? S'il la reconnaissait? Elle se promettait de ne parler qu'en espagnol, mais elle pensait avec inquiétude qu'elle avait déjà causé en espagnol avec lui.

Il était une heure, on frappa. Elle souleva le petit rideau et reconnut l'Italien; elle n'ouvrit pas; il frappa plus fort, mais il finit par s'en aller en se disant qu'à l'Opéra il ne faut pas se rappeler des paroles de l'Évangile : « Ne frappez pas, on vous ouvrira ».

Santa-Croze n'attendit pas qu'il fût une heure trente minutes pour passer devant la porte du numéro 12. La comtesse le vit-elle par la seconde vue?

Il n'avait pas eu le temps de regarder par l'œil-de-bœuf, que déjà la porte s'était ouverte et qu'une petite main avait pris la sienne. La porte se referma bien vite.

— Qui es-tu? demanda-t-il en baisant au front le domino.

— Une femme, répondit la comtesse.

— D'où viens-tu?

— De la lune.

— Tu ne me feras pas croire que tu as passé les Pyrénées pour me voir.

— Pourquoi pas? Si tu veux m'aimer une heure!

— Une heure!

Santa-Croze regarda sa montre.

— Oui, une heure et cinq minutes.

— Tu seras donc bien occupé cette nuit?

— Oui, je soupe avec des archiduchesses.

La comtesse ouvrit la porte et dit d'une voix pleine de colère :

— Eh bien! va souper!

— Voilà bien les femmes! Tu veux donc m'aimer pendant l'éternité? Une heure ici, c'est un siècle, sans compter les cinq minutes que nous allons perdre à dire des bêtises.

— Tu as peut-être raison.

— Songe que tu es pour moi le vrai bouquet de la fête. Une heure avec une femme qu'on ne connaît pas, ou qu'on ne reconnaît pas! Se perdre soi-même dans ce pays nouveau et oublier!

Et parlant ainsi, Santa-Croze voulait aller à la découverte.

— Voyons, ne voyageons pas si vite.

La comtesse se défendait à belles mains.

— Tu sais mon habitude de faire le tour du monde, de traverser les forêts vierges, de braver les cataractes.

Il me serait impossible de vous noter toutes les variations de ce charmant duo improvisé par deux dilettantes.

Santa-Croze tenta vainement de découvrir quelle était cette femme qui lui voulait tant de bien. Il avait trop d'esprit pour insister; il fit comme les amateurs de tableaux qui prennent un chef-d'œuvre sans signature. C'est peut-être du Titien, c'est peut-être du Giorgione, c'est peut-être du Padouan; qu'importe, si c'est une œuvre de maître?

Il arriva fort en retard au souper de ces dames.

— D'où diable venez-vous? on ne vous a pas vu ce soir..

— J'arrive d'Espagne.

— Il sera toujours fou!

— Oui, je viens de faire le voyage avec la plus adorable Espagnole qui ait mis le pied en France.

— Comment s'appelle-t-elle?

— Elle s'appelle l'Inconnu. Je ne la connais ni d'Ève, ni d'Adam; nous nous sommes dit bonjour, bonsoir, pas un mot de plus, tout est fini.

— Voilà comme je comprends l'amour, dit la plus sérieuse des dames qui soupaient.

Il y en a qui n'aiment que les commencements, moi je n'aime que les dénouements.

— Moi, je n'aime ni le commencement ni la fin. Et toi, la Taciturne?

— Question d'argent.

— La Taciturne a toujours raison, parce qu'elle ne parle jamais, dit Santa-Croze, mais ici, toutefois, ce n'est pas une question d'argent.

— Eh bien! dit Fleur-de-Pêche, puisque tu as été heureux pour rien, donne-moi le prix de ton bonheur.

— Oh! dit Santa-Croze en jetant un billet de mille francs à Fleur-de-Pêche, il ne faut pas refuser cent sous à un pauvre quand on a le cœur content; mais s'il me fallait payer mon bonheur, je ne serais pas assez riche.

Pourquoi la comtesse n'entendit-elle pas cette belle parole?

Le lendemain, dans la soirée, elle rencontra le duc dans un bal du boulevard Malesherbes. Il était encore tout plein de son bonheur, il le portait fièrement sur le front : vous savez, cette couronne idéale de Don Juan que voient bien les femmes.

— Asseyez-vous là, dit la comtesse au jeune duc.

— Je voudrais m'asseoir à vos pieds, comtesse.

— Mon cher ami, vous avez dans le regard et dans le sourire je ne sais quelle pointe d'impertinence et de fatuité qui ne vous messied pas, d'ailleurs.

Santa-Croze n'avait pas reconnu dans l'Espagnole du bal de l'Opéra la comtesse S...-Y..., d'autant plus qu'elle avait parlé d'elle-même avec un sentiment de jalousie. Il se rappelait ces paroles du domino :

« On m'a dit, qu'à Paris, vous étiez amoureux d'une grande coquette, la comtesse S...-Y... »

Il s'était contenté de répondre :

— Pourquoi ne serais-je pas amoureux d'elle, puisque je suis amoureux de toutes les femmes?

Cependant la comtesse, qui voulait faire jaser Santa-Croze, lui demanda s'il s'était bien amusé au bal de l'Opéra avec ces demoiselles?...

— Qui vous a dit qu'il y eût des demoiselles?

— Les échos d'alentour. Bien, décidément, vous n'aimez que la mauvaise compagnie.

— Je n'ai peut-être pas passé toute ma nuit avec la mauvaise compagnie.

— Racontez-moi donc cela.

— Jamais.

— Tout de suite. Est-ce qu'il y a vraiment des femmes du monde à ce bal de l'Opéra?

— Je suis bien sûr qu'il y en avait une cette nuit.

— Pour vous.

— Oui, madame.

— A quoi avez-vous reconnu cela?

— A ceci : que cette femme se donnait et ne se vendait pas.

La comtesse joua de l'éventail.

— Dites-moi donc pour moi seule le nom de cette belle dame?

— Ah! pour cela, ni moi non plus. Cherchez dans le calendrier espagnol.

— C'est une idée, cela, de passer les Pyrénées pour faire le bonheur d'un homme!

— Le bonheur et le malheur, dit Santa-Croze. Sans vous, je partais avec elle pour Madrid.

Vous me consolerez, n'est-ce pas, comtesse?

— Moi? Jamais! Vous me prenez pour une de ces dames.

— Madame Léona de S...-Y... laissa tomber de haut le regard de la vertu même sur celui qui ne devait jamais reconnaître l'héroïne de sa bonne fortune.

UN TOUR DE VALSE

I

Tout le monde du tout Paris connaît le comte et la comtesse de Martigny; lui un sportsman irréprochable, elle une valseuse idéale.

« Je n'aime pas les femmes mariées qui valsent, me disait ma grand'mère, parce que la valse est un autre mariage; il est impossible de s'enchaîner ainsi sans laisser quelque chose de soi, comme la pêche cueillie par des mains gourmandes, y perd son duvet de virginité. »

Je pense comme ma grand'mère, mais cela n'empêche pas les femmes mariées de valser, de pencher la tête, de regarder avec des yeux noyés et de s'abandonner au courant!

Si vous voulez, ici, nous débiterons quelques aphorismes sur la danse et sur la valse.

*
* *

La valse est une vie à deux.

*
* *

Un homme ne sait jamais bien danser à moins que les femmes ne lui aient appris à valser.

*
* *

Les danses les plus intimes sont moins dangereuses que les valses les plus platoniques.

*
* *

Il n'est pas de violent désir auquel une valse n'ajoute quelque chose.

*
* *

La valse peut donner de l'amour à ceux qui n'en ont pas, comme l'amour donne de l'esprit à ceux qui en manquent.

*
* *

Une jeune fille aime la danse, une femme aime la valse, comme l'une aime l'amour, et l'autre aime l'amant.

*
* *

Les dangers d'une danseuse sont toujours en proportion de sa valse.

*
* *

Pour une femme chaste, la valse est une statue et la danse un tableau.

*
* *

On ne cherche à danser que pour chercher à valser.

*
* *

Une femme n'est jamais plus exposée à valser que quand elle vient de danser.

*
* *

L'amour est l'échange de deux contredanses et le contact de deux valses.

*
* *

Toutes les femmes sont nées valseuses par l'imagination, danseuses par l'esprit.

*
* *

Une femme est assez savante quand elle sait distinguer une valse à trois temps d'une valse à deux temps.

Cependant le comte de Martigny ne valsait pas. En homme d'esprit, il ne regardait pas sa femme valser. Il n'y a que les bourgeois qui s'inquiètent de leur bien : — le comte de Martigny, en vrai sportsman — se préoccupait d'autres entraînements.

Il était, d'ailleurs, de ceux qui n'ont aucune inquiétude. Il avait de l'esprit et de la figure, il n'avait pas besoin de filer aux pieds d'Omphale pour accomplir son treizième travail. Quelques-unes des belles petites, qui sont la réserve de Paris, lui avaient dit qu'il était irrésistible.

En amour comme en politique, il en était arrivé au plus beau scepticisme, doutant de tout, ne croyant pas à la vertu des hommes, hormis à la vertu de sa femme.

Ce fut au point qu'un jour il osa — je vous le donne en mille — débiter un madrigal à la première femme de chambre de madame de Martigny, sauf peut-être à se retourner vers la seconde.

Il entrait dans une nouvelle série passionnelle. Il en avait assez des femmes du monde et des femmes qui ne sont pas du monde; il voulait se rapprocher de la nature.

Sa déclaration d'amour fut si brusque et si impertinente que mademoiselle Élisa lui donna un soufflet. Il ne désempara pas : il dit à cette fille qu'elle avait une fort jolie main — mais il ne lui prit pas la main.

Il continua à madrigaliser avec tant d'absolutisme que mademoiselle Élisa s'aperçut qu'il était trop tard pour le renvoyer à Madame.

Elle ne s'en alla pas pleurer sur la montagne comme les filles de la Bible, parce que le comte demeurait trop loin de Montmartre; mais elle pleura en montant dans sa chambre pour donner un coup de fer — non pas à la robe de Madame.

Le lendemain, le comte de Martigny se dispensa d'aller dans le monde en disant à sa femme qu'elle pouvait bien y aller sans lui, parce que ce soir-là il voulait lire les *Apôtres*, de M. Renan.

— Voyez-vous, ma chère, je suis trop en retard avec les philosophes de mon temps : je veux me refaire la main. J'irai peut-être vous y retrouver; d'ailleurs, c'est une soirée musicale. Or, vous savez que j'ai horreur de tous ces charivaris.

— Oh oui, vous n'aimez que le rossignol au château. Et encore, c'est quand vous êtes endormi.

Madame partit. Après le concert, on fit un tour de valse.

— C'est étrange, pensa madame de Martigny, chaque valseur a sa manière !

M. le comte ne vint pas la chercher; le lendemain, ce fut un bal; le surlendemain, ce fut une comédie; le bon apôtre s'obstinait à lire les *Apôtres*.

— Ah! ma chère amie, quel homme que M. Renan! il me fait boire l'Évangile dans une coupe d'or. « Ne fais pas aux autres ce que tu ne voudrais pas qu'on te fît à toi-même. »

La comtesse se parfuma d'oriza-lys, le plus idéal des parfums.

— O rassure-toi, je suis bien décidée à ne faire aux autres que ce que je voudrais qu'on me fît à moi-même.

La dame avait jeté sa pelisse sur ses épaules.
— Eh bien ! embrassez-moi.

M. de Martigny embrassa sa femme — du bout des lèvres — pour l'amour de Dieu.

— Vois, dit-elle, comme je suis évangélique.
A son tour elle embrassa son mari.

II

Si la langue française n'était pas la plus grande des bégueules, si elle n'était pas tenue en lisière par quarante immortels, je continuerais l'histoire en toute liberté d'esprit, mais c'est ici que l'auteur s'embarbouille dans les mots du demi-monde.

C'était donc le quatrième soir où M. de Martigny passait la soirée dans son cabinet de travail.

Cabinet de travail, pourquoi? C'était une belle pièce tendue de cuir de Cordoue avec un lit de repos comme il convient à tout cabinet de travail; des nymphes de Diaz et un bal masqué de Fortuny inspiraient le maître de céans; des bibliothèques en bois de rose à cuivres Louis XVI, indiquaient un homme de goût, d'autant plus que, dans ces bibliothèques, on y trouvait les livres les plus graves : *Mademoiselle Giraud ma Femme, Nana, la Fille Élisa.*

Quand madame était partie, l'autre fille Élisa apportait à monsieur une tasse de thé.

Monsieur avait dit au valet de chambre que le cuisinier ne savait pas faire le thé; que seule mademoiselle Élisa s'y entendait; que désormais mademoiselle Élisa lui apporterait le breuvage d'or. Et, en effet, la femme de chambre, quand elle avait fini de faire madame la plus belle entre les plus belles — et quand madame était partie — arrivait, le plateau à la main, en disant : « Voilà le thé de monsieur le comte. »

Elle disait cela tout haut pour que les oreilles curieuses entendissent bien. M. le comte fermait la porte, sans doute pour que les parfums du thé et de mademoiselle Élisa ne fussent pas emportés ailleurs.

Je ne répondrais pas que la femme de chambre ne prît sa part de la tasse de thé.

Dans les sociétés démocratiques, pourquoi ne pas effacer toutes les hiérarchies ? Le comte se montrait un homme du xxe siècle en émancipant la femme de chambre.

Or, le quatrième soir, comme la causerie était fort animée, quoique mademoiselle Élisa parlât toujours à la troisième personne, on se dit beaucoup de choses de part et d'autre :

Monsieur était charmant et pas fier, mademoiselle Élisa était délicieuse parce qu'elle avait vingt ans et qu'elle ne se mettait pas à la torture dans un corset. Il y en a qui ont l'indépendance du cœur, mademoiselle Élisa avait l'indépendance du sein. Un corset emmaillote les jeunes filles et supprime la liberté de leurs mouvements. Quoi de plus beau que l'attitude abandonnée des femmes demi-nues?

— Voyez ces nymphes de Diaz, ma chère petite! croyez-vous qu'elles offensent les yeux parce qu'elles ont laissé leurs robes dans la forêt?

— Oui, elles sont très jolies, mais elles auraient bien dû garder leurs chemises.

Je donne le diapason de la conversation entre le maître et la servante.

Au bout d'une demi-heure de causerie tout intime dans les va-et-vient de l'imprévu, on parla de faire un tour de valse — comme Madame — on parlait en valsant. Le comte de Martigny marqua son style par un point d'exclamation suprême. C'était aussi un point d'admiration. Jusque-là, il n'y avait eu que le point et virgule et les trois points... la phrase commencée et interrompue, la métaphore, la périphrase...

Après la valse, quand mademoiselle Élisa

comprit que désormais M. de Martigny était content d'elle, elle se pencha à son oreille et lui dit sans désemparer :

— Puisque Monsieur est si content de moi, je me risque à faire une question à Monsieur, mais il faut que Monsieur me promette de me répondre sans me faire de compliments, car j'aime la vérité.

— Parle ?

La femme de chambre avait pris le plus doux air d'ingénuité.

— Eh bien ! il faut que Monsieur me dise si Madame... valse aussi bien que moi...

Il y eut un froid.

— Chut ! ne parlons pas de ma femme.

— Monsieur n'est pas gentil ! il m'avait promis de me dire la vérité ! alors je n'apporterai plus le thé à Monsieur.

Là-dessus, l'ingénue essuya une larme.

— Comme elle est gentille dans sa simplicité ! murmura le comte ; c'est un idéal que cette fille.

Élisa s'était arrachée des bras de son maître.

— Adieu ! Monsieur.

Mais le comte retint la femme de chambre.

— Es-tu bête ? Eh bien ! oui, tu — valses — mieux que Madame.

Élisa parut ravie.

— A la bonne heure! s'écria-t-elle. J'étais inquiète, car tous les amis de Monsieur le comte m'avaient dit cet été au château que je — valsais — mieux que Madame; mais je ne le croyais pas.

Ce soir-là, le mari valsa avec sa femme.

LES MARIAGES D'OCCASION

NINA ET MIMI

MONSIEUR ET MADAME

Il est huit heures moins un quart, nous sommes rue du Colisée dans un appartement mi-mondain, mi-bourgeois; tout l'ameublement est en fausse monnaie de l'art; on joue au luxe; mais on n'y entend rien.

Madame attend Monsieur.

Elle est au coin de son feu, qui lit un roman.

Tout d'un coup de belles larmes jaillissent de ses yeux; mais pleure-t-elle pour une scène tragique du roman ou pour une scène sentimentale du roman de sa vie?

On sonne, elle ne songe pas à cacher ses larmes.

Monsieur entre comme la foudre dans la chambre de Madame.

— Figure-toi, ma Nina, que je me suis trompé de tramway. Tu pleures?

Madame ne répond pas, elle se contente de montrer le roman.

— Ah! oui, je comprends, tu es si romanesque!

La vérité c'est que Monsieur ne comprend pas. Madame pleure pour elle et non pour une héroïne imaginaire.

Monsieur veut embrasser Madame en la conduisant à la salle à manger.

Mais Madame détourne la tête en disant que les larmes sont amères.

On se met à table.

— Nina, dit Monsieur, il me semble que nous sommes bien loin l'un de l'autre.

Mais la femme de chambre qui arrive pour servir la soupe dispense Madame de répondre. Elle se dit à elle-même: « Comme il m'a trompée aujourd'hui! car il n'est agréable que ces jours-là. » Le dîner menace d'être silencieux.

— Voyons, Nina, ferme ton roman.

Un peu plus, Madame demanderait lequel.

— Est-ce que vous sortez ce soir, Nina?

— Je ne sais pas.

— Moi, je suis forcé d'aller au cercle de l'Opéra.

— Est-ce que vous jouez toujours?

— A peine si je jette un louis en passant.

— Et vous perdez?

— Oui; ce qui m'est très agréable, car je crois au proverbe...

— Oui, heureux en femme. Mais où est la femme?

— Vous savez bien où est la femme.

Monsieur envoie un baiser à Madame.

— Voilà, monsieur, un baiser qui se trompe d'adresse. Il faut l'envoyer rue de la Ferme-des-Mathurins.

Monsieur se mord les lèvres; il ne croyait pas que Madame fût si bien renseignée.

— Nina, vous lisez trop de romans.

Le dîner devient plus glacial encore; au dessert, Monsieur allume un cigare pour n'être pas seul en face de Madame.

— Quel mauvais cigare vous fumez là?

— Quel mauvais roman vous lisez là!

Sur ce mot, Monsieur se lève et disparaît.

MADEMOISELLE

Si nous prenions la peine de suivre Monsieur, nous irions rue de la Ferme-des-Mathurins, 56. Monsieur monte au trois ou quatrième étage. Là, il ne sonne pas : il a une clef qu'il appelle son passe-partout. Il entre comme chez lui dans la chambre à coucher. Ce n'est plus Madame, c'est Mademoiselle.

— Bonsoir, Mimi.

Mademoiselle, comme Madame, est en train de lire un roman, mais c'est un roman pour rire, et non pour pleurer : *Armand Sylvestre fecit*, un chef-d'œuvre d'humour; aussi elle rit dans un nuage de fumée, car Mademoiselle fume ses vingt-quatre cigarettes par jour, ce qui ne voile pas ses yeux noirs et ne ternit pas ses dents blanches.

— A la bonne heure! dit Monsieur, voilà une femme : elle rit, celle-là.

— Je t'attendais : j'ai versé ton verre de kummel. Où me conduis-tu ce soir?

— Oh! de grâce, demeurons ici; le feu ne fume pas, tu es belle, nous allons jouer aux dames.

— Oui, mais si tu gagnes?

— Eh bien, si je gagne, tu payeras.

Sur ce mot, Monsieur répand sur Mademoiselle toute la flamme d'un regard amoureux.

— Comme tu me regardes!... Un peu plus, ma robe de dentelle était flambée.

On commence à jouer aux dames.

Mademoiselle s'aperçoit que la figure de Monsieur se rembrunit.

— A quoi penses-tu donc?

— Je suis jaloux.

— De ta femme ou de moi?

— Tu sais bien que c'est de toi.

— De moi, mon cher ami? nous ne sommes pas mariés...

— Pourquoi cette carte du duc de P...?

— Pourquoi pas?

— Mais si nous étions mariés? dit Monsieur tout en baissant les yeux sur le damier.

— Ah! si nous étions mariés, je serais peut-être tout aussi vertueuse que les autres; seulement, tu oublies que madame ton épouse ne permettrait pas que nous fissions la noce pour tout de bon.

— Et le divorce?

— Le divorce! tu sais bien que toute ta fortune vient de ta femme; il faudrait divorcer avec toutes les deux.

Monsieur continue à regarder le damier, un nuage noir passe sur son front.

— M'aimes-tu, Mimi?

— Si je t'aime! Je ferais avec toi le tour du monde, ce qui serait sublime, car j'ai horreur de la mer.

— Embrasse-moi.

— Oui, mais ne prends pas cette mine tragique : je me crois à l'Odéon.

Mademoiselle s'est soulevée et s'est nichée dans les bras de Monsieur, dans le style de Sarah Bernhardt jouant *Théodora*.

— Ah! Mimi, tu es la plus adorable des créatures...

Assez de larmes et assez de joies, n'est-ce pas? Etudions nos personnages.

Qu'est-ce que Monsieur, Madame, Mademoiselle?

Il y a cinq ans, un Parisien qui se cachait sous le nom de Wilfrid Milson arrivait d'Amérique et descendait à Paris, hôtel d'Albe, avenue de l'Alma.

Il avait, disait-on, couru tous les mondes, à la suite d'une cantatrice de quatrième ordre qui alla mourir à Chicago. Sa famille? mystère! Tout en gardant quelque chose du Parisien, il se donnait les dehors et les accents d'un Anglo-Américain.

Il s'était fait inscrire comme professeur de langues étrangères. Il prenait un certain air de gentleman, mais sa figure, quelque peu étrange, inquiétait à première vue. Il y avait là une énigme : était-ce un coquin ou un galant homme? Lavater ne lui aurait pas donné sa fille en mariage. Pourtant il y avait de la douceur dans ses yeux et du charme dans son sourire. Il était correctement vêtu à l'anglaise, il se tenait droit et portait la tête avec quelque dignité. J'ai dîné trois ou quatre fois en face de lui à l'hôtel d'Albe et à l'hôtel Lord-Byron. Il faisait le beau des deux côtés tout en jetant dans la causerie des citations de Shakespeare et d'Edgard Poë. Nous nous demandions, avec un de mes amis, un Japonais de l'ambassade, quel pouvait bien être cet animal-là. Il tentait de nous prendre à ses avances, mais nous le tenions toujours à trois ou quatre kilomètres de nous, sans pourtant lui dire d'impertinences. Nous le rencontrions souvent dans l'avenue des Champs-Elysées, brûlant des cigarettes et jetant des œillades à toutes les femmes.

Nous ne fûmes pas plus surpris que cela d'apprendre un jour qu'il allait se marier. Il paraît qu'il n'y avait pas de temps à perdre, car il était à bout d'argent et à bout de crédit.

Se marier avec qui, avec quoi, ce professeur

de langues étrangères? Mon Dieu ce n'est pas si difficile que ça de se marier. Il donnait des leçons d'anglais dans quelques familles des Champs-Elysées. Un jour une de ses élèves lui indiqua mademoiselle Nina Bertrand qui vivait avec sa mère rue du Colisée. Elle s'ennuyait à mourir, — et, pour se distraire, elle voulait apprendre l'anglais !

J'ai ébauché le portrait de Monsieur, j'arrive au portrait de Madame.

C'était alors une jeune fille quelque peu majeure, pas belle du tout, mais portant sur la figure je ne sais quelle mélancolie touchante ; même quand elle souriait, l'expression marquait la tristesse. La figure n'était pas trop mal dessinée; mais ni les yeux, ni la bouche, ni l'attitude n'avaient ce charme féminin qui prend les hommes. On sentait là une bonne créature, mais quand on la voyait passer on ne se retournait pas.

Le cœur valait mieux que les dehors. Cette fille qui avait beaucoup rêvé n'était pas la première venue. Comme toutes les bourgeoises de son monde, elle avait beaucoup lu; on peut dire qu'elle avait mieux meublé son esprit que son appartement; aussi se moquait-on autour d'elle de ses aspirations élevées. Sa mère, qui était presque aveugle, se désespérait de ne pas la voir se marier; mais Nina, née dans le haut commerce, n'y voulait pas rentrer. Et alors où trouver un mari? A son veuvage, sa mère était venue habiter la rue du Colisée avec une vingtaine de mille livres de rente, se promettant d'en donner la moitié à sa fille. Mais qu'est-ce que cela pour un homme du monde, à moins qu'il ne soit pris par la figure?

Les années se passaient.

Vint Wilfrid Milson. Pourquoi troubla-t-il son cœur? Est-ce parce qu'il lui dit un jour qu'il l'aimait en anglais, en allemand, en italien et en français? Elle se prit peu à peu, ne croyant pas que ce fût sérieux. Mais le professeur ne la laissa pas se réveiller de son rêve. Il parla de mines d'or en Californie et de mines d'argent au Pérou.

Il se dit correspondant de journaux étrangers. Il montra des invitations à dîner du ministre des États-Unis. Il jura à mademoiselle Nina Bertrand que, si elle daignait devenir sa femme, il serait bientôt consul en France ou en Italie. Tout cela fut si bien joué que la fille majeure décida sa mère à ce mariage, quoique Nina ne fût pas tout à fait contente; mais l'hyménée a ses mirages, elle espérait faire de son mari « un monsieur très bien ». Il ne professerait plus les langues étrangères; elle serait la femme d'un correspondant de journaux américains ou d'un consul des États-Unis.

Le mariage se fit à Saint-Philippe du Roule avec une certaine pompe. On plaignit la mariée. Son tuteur ne put s'empêcher de confier à ses amis que ce marié-là ne lui disait rien qui vaille.

On continua à habiter l'appartement de la rue du Colisée. L'ex-professeur de langues, qui avait emprunté quinze cents francs pour la cérémonie à un prêteur à la petite semaine, se montra sous un nouveau jour. Il loua une victoria à sa femme et tenta de se faufiler dans le meilleur monde. La mère de Nina retint à deux mains sa fortune; mais elle mourut au bout de quelques mois, ce qui donna plus de coudées franches à cet étrange personnage.

Nina, n'ayant plus que lui à aimer, s'y attacha de toutes les forces de son cœur. Il lui devait sa fortune, elle ne doutait pas qu'il lui donnât son amour.

Pendant quatre années, tout alla bien. On ébréchait un peu le capital; mais le mari parlait toujours de ses mines et de son consulat. On avait à peine mangé quarante mille francs, outre les revenus. Nina, tout en jouant à la femme du monde, était le modèle des ménagères. C'était une demi-heureuse dans une demi-fortune.

Mais, après la quatrième année, le malheur vint frapper à sa porte. Elle fut avertie par une lettre anonyme que son mari la trompait avec une fille qu'il avait rencontrée à l'Eden.

Pourquoi allait-il là? Il s'ennuyait donc chez lui? Nina pleura beaucoup. Mais, comme M. Wilfrid Milson était plus caressant que jamais, elle voulut étouffer sa jalousie, s'imaginant que cette demoiselle Elmire Jouvenel, surnommée Mimi Corbeau, ne lui tiendrait pas longtemps au cœur.

La jalousie a cent yeux, elle veut tout voir. Nina voulut que son mari la conduisît lui-même à l'Eden. Qui sait si elle n'y rencontrerait pas cette demoiselle Jouvenel? En effet, à un signe imperceptible, elle reconnut sa rivale. Et comme cette fille passa et repassa, dans sa curiosité de voir la femme de son amant, elle n'eut plus aucun doute. Et ce qui la désola surtout, c'est que la demoiselle était fort jolie. La pauvre femme pâlit et chancela. Elle entraîna son mari en lui disant :

— J'étouffe, allons-nous-en !

Elle garda le poignard dans le cœur sans trouver une âme à qui se confier.

Six mois se passèrent dans toutes les angoisses. Tout en ne le voulant pas, elle épiait les faits et gestes d'Elmire Jouvenel. Ce fut sa femme de chambre qui lui apprit l'histoire de cette fille, une soupeuse recommandable par sa gaieté bruyante, par sa beauté tapageuse, cheveux de jais, yeux pleins d'éclairs, bouche éclatante, seins impertinents, une vraie fille pour le plaisir — pour le plaisir des autres.

Mais je cours au dénouement.

Que pouvait faire la femme de Milson? Quoiqu'elle eût gardé le gouvernement de la fortune, il avait bien, en six mois d'amour pour Mimi, jeté quarante autres mille francs dans le jeu de la demoiselle Jouvenel : deux solitaires, une voiture au mois, des factures de couturière et les agréments. Sa femme lui avait déjà dit qu'elle avertirait son tuteur, parce qu'elle ne voulait pas mourir de faim. L'ex-professeur la traita de bourgeoise, — toujours en quatre langues, — mais en même temps il se jeta à ses pieds et demanda grâce en disant qu'il allait devenir sage. Promesse de mari !

Il retomba tout de suite sous les magies de sa maîtresse.

On était au temps où le divorce fut rétabli. Madame Wilfrid Milson, qui était une femme de tête quoique toujours amoureuse de son mari, dit un soir d'un air résolu qu'elle allait demander le divorce. Le mari en fut tout effaré. Si le divorce était prononcé, il tomberait dans sa misère passée et il perdrait sa maîtresse en même temps que sa femme.

Nous voici arrivés à la soirée où la femme pleurait un roman à la main, où la maîtresse riait en jouant aux dames.

Wilfrid Milson parla donc mariage à sa maîtresse. Le mariage n'était pas dans ses habitudes, à cette coquine; mais pourquoi ne se marierait-elle pas tout comme une autre? Ça l'amuserait de jouer à la femme honnête.

— Mais, dit-elle à son amant, ne perds pas de temps, car je suis fort courue : si tu tardes, je te lâche pour un homme d'argent.

Une semence de crime germa dans le cœur de l'amoureux. C'était un homme de ressources, il avait fait tous les métiers en courant le nouveau monde, il avait même pratiqué la médecine avec un diplôme volé. Sans être un méchant homme, il jugeait que l'homme est maître de ses actions et ne doit de comptes qu'à lui-même. Affolé par son amour pour Mimi, pourquoi ne se débarrasserait-il pas de Nina, qui l'empêchait d'être heureux et qui était malheureuse elle-même? Cette femme était son ennemie puisqu'elle parlait de divorcer. N'est-ce pas un droit de jeter ses ennemis par-dessus bord? Il savait jouer de l'acide prussique, il ne la ferait pas souffrir. — Un ange de mari!

Dans les premiers jours qui suivirent leur mariage, ils avaient en toute effusion fait chacun un testament en faveur l'un de l'autre. Il savait par son notaire, car les testaments avaient été déposés, que sa femme n'avait pas depuis retouché au sien. S'il attendait plus longtemps, qui sait ce qui arriverait!

Voilà pourquoi, un soir, il se rapprocha de la pauvre Nina, se jeta à ses genoux, lui parla de son amour renaissant et jura qu'il ne sortirait jamais plus sans elle.

La pauvre s'endormit sur son cœur et se réveilla dans les bras de la mort!

Il était deux heures! retenez bien cette heure.

Le lendemain un bruit étouffé courut dans le voisinage sur cette catastrophe.

— Hélas! dit Wilfrid Milson tout en sanglotant, j'avais toujours prévu qu'elle mourrait de la rupture d'un anévrisme. Elle avait tant de cœur!

Il menaça de mourir de chagrin.

Il croyait qu'il n'entendrait plus parler de sa femme; mais, quoiqu'il fût un esprit fort, il la voyait sans cesse, — expirant dans ses bras, — sous ses baisers!

**

L'HEURE QUI SONNE

Pour s'arracher à cette obsession, il alla pleurer sa femme à Monte-Carlo, — en compagnie de mademoiselle Elmire Jouvenel. — Il n'aurait jamais eu la force de la pleurer tout seul!

En arrivant à l'hôtel de Paris, il demanda deux chambres dont une à deux lits. Il fit inscrire Elmire Jouvenel sous je ne sais quel autre nom pour la dépayser.

Les deux amants soupèrent gaiement, heureux d'être libres, croyant que le lendemain était à eux ; mais le lendemain est toujours à Dieu.

A minuit, ils étaient couchés dans la chambre à deux lits. A deux heures moins cinq minutes, ils dormaient profondément ; mais quand les deux coups résonnèrent à la pendule, M. Wilfrid Milson s'éveilla tout agité et sauta hors de son lit.

Il venait de voir sa femme ouvrant de grands yeux après avoir respiré l'acide prussique.

Il marcha à grands pas dans la chambre, ne voulant pas allumer pour ne pas réveiller sa maîtresse. Après avoir marché dans tous les sens autour des deux lits, il se recoucha. Mais une force invincible le rejeta sur le tapis. Il y avait tour à tour de la neige et du feu dans son lit. Cette fois, il alluma la bougie.

— Tu as bien fait, lui dit Mimi, car je ne voyais que des fantômes.

Elle reprit bientôt sa gaieté, ce qui calma un peu l'agitation de ce joli monstre.

On ne se rendormit que vers quatre heures du matin. C'est que le supplice de la pauvre Nina avait duré deux heures !

Le supplice se tourna contre son mari.

Le lendemain, à deux heures du matin, le mari ne put rester dans son lit; il se promena encore dans l'ombre; mais Elmire Jouvenel lui cria :

— Tu sais que tu m'embêtes avec tes airs de fantôme.

Il alluma la bougie en disant à sa maîtresse qu'il se réveillait à deux heures, parce que, pendant longtemps, il avait pris l'habitude de travailler la nuit, mais que cela se passerait.

Cela ne se passa pas. Pendant quinze nuits, le coquin fut obsédé par la même apparition, quand sonnaient deux heures. Il assistait à toute l'agonie de sa femme; les remords, comme de blanches chouettes, venaient s'abattre sur lui tout en le frappant de leurs ailes; il agitait les bras pour chasser toutes ces apparitions.

Mimi lui dit une nuit :

— Tu m'avais parlé d'une lune de miel à Monte-Carlo. Je crois que nous avons trouvé la lune rousse. Nous ferons bien de retourner à Paris.

— Oui, Mimi, chez toi, dans ton petit nid de la Ferme-des-Mathurins, nous serons bien heureux.

*
* *

Il croyait que sa femme ne le poursuivrait pas jusque chez sa maîtresse. Mais, dès la première nuit de leur retour, le fantôme pénétra dans l'appartement de la courtisane.

Là, ce n'était pas une chambre à deux lits. Or, la pauvre Nina Bertrand vint se coucher entre les deux amoureux.

Il la sentit toute froide, il la vit toute blanche, ouvrant ses yeux d'agonisante. Il se leva.

— Quelle heure est-il? lui demanda Mimi.

— Deux heures! répondit-il d'une voix sépulcrale.

— Est-ce que tu vas toujours jouer ce jeu-là? Tu sais que ça ne m'amuse pas! Est-ce que tu veux représenter à la Porte-Saint-Martin le spectre de Banco?

— Ne parlons pas de spectre!

— Parlons-en, car je suis sûre que tu vois le spectre de ta femme.

— Eh bien, oui, dit l'amant en se jetant aux

genoux de Mimi; elle m'apparaît parce qu'elle me voit heureux avec toi.

Mais Milson ne confessa pas son crime.

*

La nuit suivante, la morte vint encore se coucher entre les vivants, puis la nuit d'après, puis encore, puis toujours.

Wilfrid Milson arrêta un soir la pendule. D'où vient qu'il fut encore réveillé en entendant sonner deux heures?

Il courut furieux jusqu'à la cheminée. La pendule ne marchait pas!

— Et pourtant elle a sonné! s'écria-t-il.

Sans rien dire à Mimi, le matin, pendant qu'elle jouait du piano dans son salon, il brisa le rouage de la sonnerie.

Aussi, la nuit d'après, il s'endormit avec quelque sérénité, mais il fut encore réveillé par les deux tintements funèbres.

Cette fois il ne se tint plus, il courut à la pendule et la jeta à ses pieds.

Grande colère de Mimi réveillée par ce vacarme.

— Si tu ne m'apportes pas aujourd'hui même une plus belle pendule, dit-elle à son amant, tu n'entendras plus sonner l'heure chez moi.

Le mari de Nina apporta le soir à Mimi une pendule sans sonnerie.

— Vous êtes sûr qu'elle ne sonnera pas, avait-il dit à l'horloger en le payant?

— Monsieur, c'est la pendule du Silence!

Ah! bien, oui! Wilfrid Milson s'endormit sur ces belles paroles, mais à deux heures du matin il entendit deux fois tinter la nouvelle venue.

Il continua donc à subir ses nuits blanches.

Il porta un soir sa pendule dans le salon, séparé de la chambre à coucher par la salle à manger, mais à deux heures il fut encore réveillé par la sonnerie.

Au bout d'un mois, Mimi dit au mari de Nina :

— Si la première nuit je te vois encore arpenter ma chambre comme un spectre, je te fiche à la porte, car j'en ai assez des terreurs blanches et je commence à en être malade.

Le soir, sans en rien dire à sa maîtresse, Wilfrid Milson se grisa pour mieux braver sa femme; mais l'ivresse ne le sauva pas du coup de deux heures.

— Encore! cria Mimi furieuse, le voyant descendre du lit.

Elle entendit, pour toute réponse, un coup de revolver.

Cette fois, ce fut elle qui alluma la bougie.
— Wilfrid! Wilfrid!
Il était mort!
Elle appela sa femme de chambre et lui cria :
— Qu'on me f... cet homme-là dans un fiacre et qu'on le reconduise à sa femme!
Ce fut toute l'oraison funèbre.

DAPHNIS ET CHLOÉ
LE SILENCE EN ACTION

> Tais-toi ou dis quelque chose
> qui vaille mieux que le silence.
> DIOGÈNE.

Quand j'avais seize ans, j'étais amoureux de ma voisine, — un ange, vous n'en doutez pas. Je ne lui disais rien; elle ne me répondait pas.

Un jour, elle me suivit dans le bois. A la lisière, devant les chênes et les ormes, je lui pris le bras. Elle rougit et marcha du même pas. Nous voilà loin. Pas un mot. Je vois des violettes, j'en cueille une poignée et je les mets dans son sein. Elle pâlit. Nous marchons toujours. Voici une source dans les rochers. Rosine se penche et se mire, je lui donne à boire dans ma main; nous buvons bientôt du même coup à la même coupe. C'est divin. Nous reprenons notre éloquente promenade. Voilà maintenant un nid de rossignols dans une aubépine. « Chut! dis-je. — Je n'ai pas pas parlé, » murmure-t-elle.

Plus loin, un rebord moussu : on s'assied. Je prends la main de ma voisine et je regarde ses beaux yeux. « Je vous aime, Rosine. » C'est tout. Survient un bûcheron. « Oh! si maman le savait! » Rosine se lève et s'en va. Je lui reprends le bras; nous revenons par un autre chemin : un second bûcheron! Nous sortons du bois, je montre un jardin à Rosine; là, il n'y a pas de bûcheron. Nous franchissons la haie et nous nous cachons dans un massif. Il y a un banc de pierre sous un arbre de Judée; je casse une branche pour Rosine, mais une voix de tonnerre : « Que faites-vous là? — Rien du tout. » Le maître du jardin nous met à la porte du

Paradis avant le péché. Une heure après tout le pays est ému.

— Mademoiselle, que faisiez-vous?
— Rien.
— Que lui disait-il?
— Rien.
— Que vous répondiez-vous?
— Rien.

On ne nous envoya pas en cour d'assises.

Ce rien, c'était tout!

Nous nous étions adorés dans le silence des bois. Ah! que ce silence parlait haut!

Ce n'était que le premier chapitre. Le second fut encore plus éloquent, c'est-à-dire plus silencieux.

DON JUAN ET CÉLIMÈNE
LA PAROLE SANS ACTION

> Qu'est-ce que la poésie des mots
> devant la poésie des choses?
> SADI.

L A scène est à Paris, de nos jours, comme on dit dans le beau style des pièces de théâtre. Un mondain qui joue le Don Juan est éperdument épris d'une comtesse divorcée qui se croit Célimène. La Célimène de Molière parlait avec son éventail, celle-ci parle le mors aux dents jusqu'à n'en pouvoir plus. M. Don Juan obtient la faveur d'aller prendre le thé chez elle. Dès qu'il est dans le petit salon il veut embrasser la dame, mais elle parle avec tant de volubilité qu'il ne peut placer un point, pas même une virgule. Comme il est tout aussi bavard, il répond; elle réplique; elle est spirituelle, il fait semblant de l'être. On parle de tout : journal du matin et journal du soir. On croirait lire *Parisis — Tout-Paris — Mirliton — le Masque de fer — le Domino — le Sphinx* et tant d'autres beaux esprits des journaux mondains.

On continue à se griser par la parole. De temps en temps, Don Juan veut happer Célimène; mais elle a encore un mot à dire, puis un mot. On sert le thé, de l'or dans du vieux Chine. La causerie n'est plus qu'une chinoiserie, on en abat comme la corneille, Don Juan tente encore l'aventure.

— Nous n'y sommes pas, dit-elle.
— Qu'est-ce donc que l'amour pour vous?
— C'est une conjonction d'astres qui se disent bonjour.
— Eh bien! disons-nous bonjour!
— Bonsoir! dit Célimène, je n'ai plus que le temps de m'habiller pour aller au bal de la duchesse.

Elle sonne. Et, tout en parlant, elle s'envole dans son cabinet de toilette.

Comme M. Don Juan prenait son chapeau, il entendit Célimène qui continuait la causerie avec sa femme de chambre.

Shakespeare dirait : Beaucoup de bruit pour rien.

N'est-ce pas que j'ai raison d'élever un autel au Silence ?

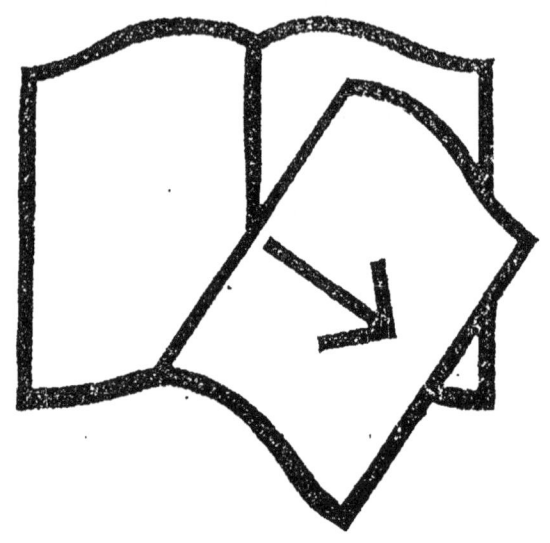

Couverture inférieure manquante

ARSÈNE HOUSSAYE
CONTES
POUR
LES FEMMES

LES FEMMES ROMANESQUES

CONTES
POUR LES FEMMES

ARSÈNE HOUSSAYE

LES ONZE MILLE VIERGES
1 volume elzévirien, illustré de 20 gravures, 5 fr.

LE DIX-HUITIÈME SIÈCLE
La Régence.—Louis XV.—Louis XVI.—La Révolution.
Édition de bibliothèque en 4 vol. in-18 à 3 fr. 50.

HISTOIRE DU 41° FAUTEUIL DE L'ACADÉMIE
15° Édition. — 1 vol. in-18, 3 fr. 50. 1 vol. in-8, 20 portraits, 20 fr.

LES DOUZE NOUVELLES NOUVELLES
24° édition. — 1 vol. illustré, 3 fr. 50.

LA COMÉDIENNE
12° édition. — 1 vol. in-18, eau-forte, 3 fr. 50.

LES MILLE ET UNE NUITS PARISIENNES
4 vol. in-8°, avec 24 portraits des demi-mondaines et des extra-mondaines, par Henri de Montaut, 20 fr.

LES GRANDES DAMES
36° édition. — 1 beau volume in-18, 3 fr. 50.

HISTOIRE D'UNE FILLE PERDUE
Avec une étude de P. de Saint-Victor, 1 vol. in-18, 3 fr. 50.

L'ÉVENTAIL BRISÉ
2 vol. portraits, 7 fr.

LE ROI VOLTAIRE
1 volume elzévirien à deux couleurs, 3 portraits, 5 fr.

LA COURONNE DE BLEUETS
1 volume, eau-forte de Théophile Gautier, 3 fr. 50.

LES TROIS DUCHESSES
10° édition, 1 vol. in-18, portraits, 3 fr. 50.

LES LARMES DE JEANNE
1 vol. in-18, portraits, 3 fr. 50.

LES CONFESSIONS
4 volumes in-8°, avec gravures. (*Sous presse.*

*De l'Imprimerie d'*ED. REY, *13, quai Voltaire.*

ARSÈNE HOUSSAYE

CONTES
POUR LES FEMMES

EAUX-FORTES ET ILLUSTRATIONS PAR
HANRIOT DE SOLAR

III

LA MARCHANDE DE CERISES. — IL ÉTAIT UNE FOIS.
DEUX PARISIENNES AU BORD DU MISSOURI.
LA DAME AUX CENT MILLIONS.

PARIS
C. MARPON ET E. FLAMMARION
ÉDITEURS
26, RUE RACINE, PRÈS L'ODÉON

Tous droits réservés.

LA MARCHANDE DE CERISES

Boucher, le peintre des magies de la couleur, avait son atelier à la butte des Moulins. Non loin de là, dans la rue Sainte-Anne, il passait presque tous les jours devant la boutique d'une fruitière; sur le seuil de la porte, une jeune fille lui apparaissait souvent sans trop le frapper, quoiqu'elle fût belle, simple et touchante. Séduit par les mines des Camargo, pouvait-il être sensible à une si douce et si chaste beauté que celle de Rosine?

Un jour, après trois semaines d'austère solitude, il s'arrêta émerveillé devant la boutique de la fruitière. C'était au temps des cerises. Des paniers fraîchement cueillis alléchaient les passants par leurs couleurs charmantes; des tresses de feuillage cachaient à moitié le fruit encore un peu vert; mais ce ne fut pas pour les cerises que s'arrêta Boucher.

A son passage, la fille de la fruitière, bras nus, cheveux dénoués, servait une voisine. Il fallait la voir prendre des cerises d'une main délicate, les passer sans autre balance dans le giron de la voisine, accorder un divin sourire pour les quatre sous dont on la payait : c'était la fleur du panier.

Le peintre eût donné quatre écus pour les cerises, pour la main qui les servait, et surtout pour le divin sourire. Quand la voisine se fut éloignée, il avança de quelques pas, sans trop savoir ce qu'il allait dire. Il était passé maître en l'art de la galanterie; pas une femme qu'il ne sût attaquer par le bon côté : de face, de profil, ou bien en lui tournant le dos; il avait été à une bonne école : depuis longtemps il s'était dit, comme plus tard Danton : « De l'audace, de l'audace, encore de l'audace! »

Il avait raison : traiter une femme en ennemi, n'est-ce pas la vaincre? Cependant d'où vient

que Boucher, ce jour-là, perdit sa force et sa
témérité à la vue de cette jeune fille si douce et
si simple? C'est que la force ne s'éveille que
devant la force. Le serpent qui perdit Ève ne
vint la surprendre que dans sa force en Dieu.

Boucher, qui s'était avancé résolument,
comme un homme qui est sûr du but, franchit,
tout pâle et tout ému, le seuil de la fruitière,
fort en peine de dire quelque chose de raisonnable.

La jeune fille le regarda avec tant de sérénité
qu'il reprit un peu de raison. Il demanda des
cerises, et, s'enhardissant bientôt, il pria la
jeune fille de lui accorder la grâce de crayonner
sa belle figure. Elle ne répondit pas. Sa mère
survint. Boucher était un homme à belles manières, la mère était une coquette sur le retour :
il obtint d'elle qu'il ferait tout à son aise le
portrait de sa fille.

Elle la conduisit à l'atelier du peintre. Boucher ne retint pas la mère, il fit asseoir la
fille sur un sofa, tailla son crayon et se mit à
l'œuvre avec joie.

Rosine avait la beauté qui s'ignore, celle qui
touche plutôt qu'elle ne séduit. Il y avait dans
la pureté de son profil un souvenir adouci des
lignes antiques. Elle était brune, mais sa chevelure prenait à la lumière ces belles teintes

dorées qui charmaient le Titien. Ses yeux étaient d'une couleur vague, comme le ciel à certaines soirées d'automne; sa bouche, un peu grande peut-être, avait une divine expression de candeur, une expression que Rosine, disait Boucher, gâtait en parlant plutôt par les paroles que par le mouvement des lèvres : « Aussi, les heures les plus douces que j'aie passées avec elle étaient les plus silencieuses ; j'aimais toujours ce qu'elle allait dire, et presque jamais ce qu'elle disait. »

L'artiste avait été séduit avant l'homme, Boucher avait commencé par voir un divin modèle; mais, tout épris qu'il fût alors de son art, il finit bientôt par ne plus guère voir qu'une femme en Rosine. Son cœur, battu par les passions de l'Opéra, sentit qu'il n'était pas stérile; les fleurs de l'amour s'y montrèrent sous les flammes de la volupté.

Boucher devint amoureux de Rosine, non pas en homme qui se fait un jeu de l'amour, mais en poète qui aime avec des larmes dans les yeux; amour tendre, pur, digne du ciel, où il s'élève et d'où il est descendu. Rosine aima Boucher. Comment ne l'eût-elle pas aimé, celui qui lui disait deux fois qu'elle était belle en voyant la tête de Vierge que le peintre avait créée d'après celle de la jeune fille.

Qu'arriva-t-il? vous le devinez. Un jour, le pinceau tomba des mains de l'artiste, la jeune fille baissa les yeux... « Ah! pauvre Rosine, s'écria Diderot, en y pensant plus tard, que ne vendiez-vous des cerises ce jour-là? »

La vierge qui devait être le chef-d'œuvre de Boucher n'était point achevée; la figure était belle, mais le peintre n'avait pas encore pu y répandre le divin sentiment qui est l'âme et la lumière d'une telle œuvre. Il espérait, il désespérait, se recueillant et regardant Rosine; enfin, il en était à cette barrière suprême, la barrière du génie, où s'arrêtent les talents sans force, et que çà et là le hasard fait franchir à ceux qui osent. Son amour pour l'art ou pour Rosine n'avait pu élever Boucher au delà; le sentiment biblique ne l'avait pas détaché des choses d'ici-bas : en adorant la Vierge Marie en Rosine, il adorait aussi, le profane! une nouvelle maîtresse. La conversion n'était pas sincère. Il hésitait entre l'amour divin qui espère et la volupté terrestre qui se souvient; entre l'art sévère qui touche par la grandeur et l'art souriant qui séduit par la grâce. Il en était là de son œuvre, quand une nouvelle figure vint changer le cours de ses idées.

Il y avait quinze jours que Rosine posait; il y en avait deux que, sur un regard de la jeune fille, le peintre avait laissé tomber son pinceau.

***

Un matin, vers onze heures, Boucher préparait sa palette, Rosine dénouait sa chevelure. On sonna à la porte de l'atelier; Rosine alla ouvrir comme si elle eût été de la maison.

— Monsieur Boucher? demanda une jeune dame qui franchit le seuil de la porte.

— Qu'ai-je à faire pour vous? dit Boucher en regardant dans une glace la nouvelle venue.

Il fit un pas à sa rencontre.

— Monsieur Boucher, je suis une pauvre fille sans pain. Si je n'avais pas ma mère malade et dénuée de tout, je parviendrais à vivre de mon aiguille; mais, pour ma mère, je me résigne à devenir modèle. On m'a dit que j'avais une jolie main et de la figure; voyez, croyez-vous que je puisse poser pour quelque chose?

L'inconnue avait dit tout cela d'un air de trouble bien joué; mais ce qui frappa surtout le peintre pendant qu'elle parlait, ce fut sa beauté coquette et voluptueuse.

Adieu la Bible, adieu Rosine, adieu l'amour simple et grand! La nouvelle venue venait d'apparaître aux yeux de Boucher comme la fantaisie qu'il avait rêvée jusque-là. C'était bien cette muse, moins belle que jolie, moins touchante que gracieuse, qu'il avait recherchée avec tant d'ardeur. Il retrouvait dans cette figure ce qu'on trouve sous le ciel de l'Opéra. Boucher, quoique assez bon physionomiste, ne découvrît ni art ni étude dans cette jeune beauté, elle masquait l'art et l'étude par de grands airs d'innocence. Il s'y laissa prendre. Qui s'en étonnerait en songeant qu'il avait cru trouver la nature à l'atelier de Lemoine ou à l'Opéra? Rosine était sa première leçon sérieuse, c'était la nature dans toute sa majesté naïve et vraie, mais les instincts du peintre, instincts trompeurs ou viciés, ne pouvaient l'élever jusque-là.

En voyant venir l'inconnue, il crut retrouver une figure de connaissance, une figure qu'il aurait vue dans un autre pays, où même dans un autre monde. Aussi, quoiqu'elle fût vêtue en fille du peuple, il l'accueillit comme une amie.

— Quoi! mademoiselle, lui dit-il d'un air d'admiration, vous dites que vous êtes passablement belle. Dites donc passionnément!

— Point du tout, dit-elle, avec le plus doux sourire du monde.

— En vérité, mademoiselle, vous venez à propos; je cherchais un beau sentiment à répandre sur cette Vierge; peut-être vais-je le trouver chez vous. Inclinez un peu la tête sur ce cœur, posez la main sur le fauteuil. C'est cela. Vous, Rosine, détournez le rideau rouge.

Boucher ne vit pas le regard douloureux que lui lança la jeune fille: elle obéit en silence, tout en se demandant si elle n'était plus bonne qu'à détourner le rideau. Elle alla s'asseoir dans un coin de l'atelier pour voir tout à son aise, et sans être vue, celle qui venait troubler son rêve. Mais à peine était-elle sur le divan, que Boucher, qui aimait la solitude à deux, lui conseilla de retourner chez sa mère, tout en lui recommandant bien de venir le lendemain de bonne heure. Elle sortit sans dire un mot, la mort dans le cœur, pressentant qu'elle serait oubliée pour celle qui restait en tête à tête avec son amoureux. Elle essuya ses larmes dans l'escalier.

— Hélas! que va dire ma mère en me voyant si triste?

Elle se promena dans la rue pour donner à sa tristesse le temps de s'évanouir.

— D'ailleurs, reprit-elle, en attendant un peu, je la verrai descendre à son tour; je pourrai découvrir ce qui se passe dans son cœur.

Elle attendit. Plus d'une heure se passa, le modèle posait pour tout de bon. Boucher gâtait à plaisir sa belle figure de Vierge en voulant y mêler deux types. Enfin, l'inconnue sortit avec un certain embarras, comme si elle eût commis une mauvaise action. Il avait plu dans la matinée, la rue était presque impraticable pour de jolis pieds. Elle s'enfuit, légère comme une chatte, du côté du Palais-Royal. Elle s'arrêta devant une maison de pauvre apparence, donna un écu de six livres à un pauvre, regarda autour d'elle avec défiance et disparut sous la porte d'entrée. Rosine l'avait suivie; la voyant disparaître, elle remarqua la maison, et, n'osant aller plus loin dans sa curiosité, elle se décida à retourner enfin au logis. Mais une main invisible la retenait malgré elle; elle regardait à toutes les fenêtres de la maison; un pressentiment l'avertissait qu'elle reverrait l'inconnue, En effet, tout à coup, à sa grande surprise, elle crut la reconnaître qui sortait dans un tout autre costume. Cette fois, la jeune fille était vêtue en grande dame; robe de taffetas à queue, qu'elle s'efforçait de mettre dans sa poche, mantelet, talons rouges, tous les accessoires.

— Et où va-t-elle dans cet équipage? se demanda Rosine, qui la suivait pas à pas.

La dame alla droit à un carrosse doré qui l'attendait devant le Palais-Royal. Un laquais se précipita au-devant d'elle pour ouvrir la portière. Elle s'élança dans le carrosse en femme habituée à y monter tous les jours.

— Je l'avais deviné, murmura Rosine; il y avait dans ses manières, dans sa façon de parler, dans la fierté adoucie de son regard, je ne sais quoi qui m'étonnait. Elle avait beau prendre toutes sortes de masques, on finissait par reconnaître une grande dame.

Hélas! l'a-t-il reconnue, lui?

Le lendemain, Rosine se fit un peu attendre; cependant Boucher ne lui dit pas, en la revoyant, ce doux mot qui console les absents du cœur ou de la maison : « Je vous attendais. »

— Eh bien! murmura-t-elle après un silence, vous ne me parlez pas de votre grande dame?

— Ma grande dame? Je ne comprends pas.

— Vous ne l'avez donc pas devinée? Ce n'était pas une fille du peuple, comme elle le disait, mais une belle dame qui n'a pas grand'chose à faire. Je l'ai vue monter dans son carrosse. Quel carrosse! quels chevaux! quels laquais!

— Que dites-vous là? Vous voulez me tromper?

— C'est la vérité. Croyez donc maintenant à ces grands airs d'innocence.

— Quelle singulière aventure! dit Boucher en se passant la main sur le front. Reviendra-t-elle?

A cet instant, Rosine vint appuyer ses mains jointes sur l'épaule du peintre.

— Elle ne vous a rien demandé? dit-elle avec une expression triste et charmante.

Boucher baisa le front incliné de sa maîtresse.

— Rien, dit-il, si ce n'est un écu pour le prix de la séance; c'est une énigme, je m'y perds.

— Hélas! elle reviendra.

— Qui sait? Elle devait revenir ce matin.

— Je n'aurai garde d'ouvrir la porte.

— Quel enfantillage! Seriez-vous jalouse?

— Vous êtes bien cruel? Est-ce que vous irez ouvrir la porte, vous?

Rosine s'éloigna en soupirant.

— Alors, dit-elle avec des larmes dans les yeux, la porte se refermera sur moi.

Rosine, pleurant d'amour et de jalousie, était d'une beauté adorable; mais Boucher, par malheur pour elle et pour lui-même, ne voyait que la mystérieuse inconnue.

— Rosine, vous ne savez ce que vous dites; c'est de la folie.

Boucher avait parlé un peu durement; la pauvre fille, blessée au cœur, s'avança vers la porte, et, d'une voix affaiblie, elle murmura un adieu désolé.

Sans doute elle espérait qu'il ne la laisserait point partir, qu'il viendrait à la porte, qu'il la prendrait dans ses bras et la consolerait par un baiser ; mais il n'en fit rien : il oubliait, l'ingrat, que Rosine n'était pas une fille d'Opéra ; il croyait qu'elle faisait semblant, comme toutes ces comédiennes sans cœur et sans foi. Rosine ne faisait pas semblant; elle écoutait sa naïve et simple nature ; elle avait donné tout ce qu'elle pouvait donner, plus que son cœur, plus que son âme ; il n'était pas étonnant qu'elle se révoltât d'être aimée si légèrement, comme par hasard. Elle ouvrit la porte, elle se tourna vers Boucher, un seul regard tendre l'eût ramenée à ses pieds ; il se contenta de lui dire, comme il eût dit à la première venue :

— Ne faites pas tant de façons.

Ces paroles indignèrent Rosine.

— C'est fini ! dit-elle.

Au même instant elle ferma la porte. Le bruit de ses pas vint jusqu'au cœur de Boucher ; il voulut s'élancer vers l'escalier, mais il s'arrêta à la pensée qu'elle reviendrait. Une autre serait revenue : Rosine ne revint pas.

Avec elle Boucher perdit tout espoir de vrai talent. La vérité était venue à lui dans toute sa force, sa grandeur et sa beauté. Il ne put s'élever jusqu'à elle. Il se mit à la recherche de cette mystérieuse apparition qui personnifiait si poétiquement son idéal.

En vain il courut le beau monde en compagnie de Pont-de-Veyle et du comte de Caylus. Il fut de toutes les fêtes et de tous les spectacles, de toutes les promenades et de tous les soupers : il ne découvrit pas celle qu'il cherchait avec une si folle ardeur.

Rosine n'était pas tout à fait bannie de sa pensée, mais, dans ses souvenirs, la pauvre fille n'apparaissait jamais seule; il voyait toujours son image en regard de celle de la dame inconnue. Un jour, cependant, comme il contemplait sa Vierge inachevée, il sentit que Rosine était encore dans son cœur; il se reprocha l'abandon où il la laissait; il résolut d'aller sur-le-champ lui dire qu'il l'aimait et qu'il l'avait toujours aimée.

Il descendit et s'avança vers la rue Sainte-Anne, malgré un encombrement de fiacres et d'équipages. Une jeune fille passait de l'autre côté de la rue, un panier à la main. Il reconnut Rosine. Hélas! ce n'était plus que l'ombre de Rosine; la douleur l'avait ravagée, l'abandon l'avait abattue sous ses mains glaciales. Il voulut traverser la rue pour la rejoindre; un carrosse l'arrêta au passage, une femme mit la tête à la portière. « Elle! s'écria-t-il tout éperdu. »

Il oublia Rosine, il suivit le carrosse, résolu à toute aventure. Le carrosse le conduisit à un hôtel de la rue Saint-Dominique. Il s'y présenta bravement, une demi-heure après. Il fut reçu par le mari de la dame avec toutes sortes de bonnes grâces. « Je crois, monsieur le comte, avoir ouï dire que madame la comtesse voulait son portrait peint par moi. — Elle ne m'en a pas dit un mot, mais je vais vous conduire vers elle dans son oratoire. »

Tout aventureux qu'il était, Boucher voulut presque rebrousser chemin; mais, comme il était aussi embarrassant de battre retraite sans raison que d'affronter le péril, il se laissa conduire à l'oratoire. C'était elle, c'était la pauvre fille sans pain. Elle dit à Boucher que la curiosité, jointe à un peu d'ennui, l'avait entraînée à son atelier pour faire juger sa beauté, une bonne fois pour toutes, par un homme compétent qui n'aurait pas de raison pour mentir.

— Je vous ai payé une séance autrefois, lui dit Boucher avec passion ; maintenant, c'est à votre tour à m'en payer une.

Il fut décidé qu'il ferait le portrait de la comtesse. Il le commença, mais ce portrait ne fut jamais achevé, tant Boucher prenait de plaisir à le faire.

Après l'ivresse de cette passion, la jeune fille délaissée vint encore flotter dans les souvenirs de Boucher. En revoyant sa Vierge, où l'artiste profane avait mêlé l'expression de deux beautés, il vit que Rosine était la plus belle. La comtesse l'avait plus ardemment séduit; mais, une fois le charme passé, il comprit enfin que Rosine avait la beauté idéale qui ravit les amants et donne du génie aux peintres.

— Oui, dit-il avec regret, je me trompais comme un enfant; la beauté divine et humaine, la vraie lumière, le sentiment idéal, c'était Rosine; la séduction, le mensonge, l'expression qui ne vient ni du ciel ni du cœur, c'est la comtesse. J'ai gâté ma Vierge comme un fou; mais il en est temps encore.

Il n'était plus temps. Il courut chez la fruitière, il demanda Rosine.

— Elle est presque morte, lui dit la mère.

— Presque morte! s'écria Boucher, pâle de désespoir.

— Oui, monsieur le peintre, Rosine, ma Rosinette, va mourir comme on meurt à dix-huit ans, des peines du cœur. Je ne parle que par ouï-dire. Elle a confié à une tante, qui la veille à ses derniers jours, qu'elle meurt pour avoir été trahie. Vous avez oublié de faire mon portrait... ah! monsieur, le sien, vous me le donnerez?

— Il n'est pas fini! dit Boucher tout défaillant.

Il demanda à la fruitière la grâce de voir encore Rosine chez la tante qui la veillait. La pauvre mère ne fit pas de façons pour le conduire tout près de là, rue d'Argenteuil, où demeurait sa sœur, au troisième étage; à peine la porte fut-elle ouverte que le jeune peintre vit Rosine soutenue par sa tante sur son lit tout blanc, qui était déjà le lit mortuaire.

— Ah! c'est vous, dit-elle d'une voix étouffée, tout en tendant ses bras à Boucher.

Il tomba agenouillé devant le lit.

— Oui, c'est moi, je ne vous savais pas malade, mais je vous sauverai.

— Il est trop tard! murmura Rosine en abandonnant sa main; c'est vous qui m'avez tuée, mais je vous pardonne.

— On ne meurt pas à dix-huit ans.

— Pourquoi vivre, puisque je vous ai perdu?

Boucher ne pouvait plus trouver une seule parole.

— Je vous attendais toujours.

— Oh! non, vous ne m'attendiez pas : c'était l'autre que vous attendiez!

La mère, qui ne savait rien, comprit alors pourquoi Rosine avait tant pleuré.

— Quoi, monsieur, dit-elle en s'indignant, je vous ai confié ma fille et voilà ce que vous en avez fait!

Rosine regarda sa mère d'un air suppliant :

— Maman, ne lui en veux pas, car je lui pardonne; ce n'est pas sa faute si j'ai cru au bonheur.

— C'est ma faute, s'écria l'artiste en se frappant le cœur.

Il se souleva pour embrasser les cheveux de Rosine.

— Oui, pardonnez-moi, car c'est vous que j'ai aimée, c'est vous que j'aimerai toujours.

La pauvre Rosine n'entendait plus. Cette émotion si inattendue l'avait achevée, une pâleur de marbre se répandit sur sa figure, sa belle tête se renversa... elle était morte...

Ce fut presque un coup mortel pour Boucher.

Rentré à l'atelier, il s'abandonna à sa douleur. Il se jeta à genoux devant la Vierge inachevée, il maudit cette fatale passion qui l'avait détourné de Rosine, il jura de vivre désormais dans le souvenir sanctifié de cette sœur des anges.

Après les funérailles, il fit un triste retour sur lui-même; il voulut, comme par inspiration soudaine, retoucher à sa figure de Vierge.

— Non! non! dit-il tout à coup; en voulant effacer ce qu'il y a de la comtesse, n'effacerai-je point la divine trace de cette pauvre Rosine?

Il descendit la toile du chevalet, la porta

d'une main défaillante à l'autre bout de l'atelier, et l'appendit au-dessus du sofa où Rosine s'était assise pour la dernière fois devant ses yeux. Il ne confia son profond chagrin qu'à deux ou trois amis, comme le comte de Caylus et Duclos. Quand on remarquait chez lui la Vierge inachevée, il se contentait de dire : « Ne me parlez pas de cela, car vous me rappelleriez que l'heure du génie a sonné pour moi. »

En ce beau temps, à moins d'être Rosine, on ne mourait pas de chagrin, on se consolait de tout : Boucher se consola. Il se rejeta avec plus d'extravagance dans toutes les folies mondaines.

Il avait passé à côté de la créature telle que Dieu l'a faite, il passa à côté du paysage tel qu'il s'épanouit au soleil, il passa à côté de Rosine, trahissant la nature dans son cœur comme dans ses œuvres.

Pauvre Rosine !

IL ÉTAIT UNE FOIS

Il était une fois un brave homme qui s'appelait le bon Dieu.

D'une main il débrouilla le chaos des mondes, de l'autre il créa le ciel et la terre.

Comme il avait le génie théâtral, il constella le ciel de milliards d'étoiles.

Et comme il voulait que ce drame humain et surhumain eût son clou, il mit au ciel le soleil, — un clou d'or!

Ce ne fut pas tout; il mit un second clou : la lune, — un clou d'argent!

Ce fut un éblouissement. Aussi, la terre a été appelée le Paradis.

Pour ce Paradis, Dieu créa l'homme et la femme. Quoique enfants de Dieu, ce ne furent pas des anges, parce que Dieu avait voulu que l'esprit du mal fût vaincu par l'esprit du bien.

La femme s'en laissa conter et mit au monde des enfants qui représentèrent ces deux esprits. Il fallait bien que Dieu s'amusât au spectacle des passions de son théâtre qui n'est pas l'école des mœurs.

Le monde fut bientôt peuplé et repeuplé. Et partout le sentiment du bien et le sentiment du mal furent en lutte; mais l'idée de Dieu soutenait les pauvres et les faibles contre les riches et les forts.

Quoique Dieu ne se montrât pas, on sentait bien qu'il était là, partout, plus loin. Refuge de toutes les souffrances et de toutes les misères, il donnait à ceux qui espéraient en lui une part de son beau ciel par delà le tombeau.

Selon les temps et selon les climats, il était représenté par des dieux symboliques. Ceux de l'Olympe furent les plus radieux.

Il s'arrêta un jour en Judée, jugeant qu'il fallait au monde un Dieu nouveau pour le ramener à l'esprit de la création; il mit une part de son âme dans l'âme d'un pauvre enfant qui fut ainsi divinisé.

Cet enfant s'appelait Jésus. Il fallait un sacrifice humain pour relever l'humanité de toutes ses orgies et de toutes défaillances : Jésus fut crucifié !

Il fut crucifié pour avoir inspiré cet adorable livre du pauvre qui est encore notre plus beau livre aujourd'hui : l'Evangile !

Il était temps que Jésus fût cloué sur la croix; car il empêcha le mal d'être à jamais vainqueur du bien, il ramena l'homme au sentiment de son origine, il fit refleurir ces lis sublimes qui s'appellent la conscience et la justice.

Par malheur, quand on eût bâti pour l'Évangile des millions d'églises, on y mit des papes et des prêtres qui se croyaient infaillibles et voulurent enchaîner l'humanité dans une autre servitude.

Les dieux de l'Olympe avaient créé des athées, les papes et les prêtres en créèrent d'autres.

Aujourd'hui la France, fille aînée de l'Église, est gouvernée non plus par l'Évangile, mais par l'athéisme.

On brise les croix, on chasse les sœurs de charité, on condamne à l'amende non pas seulement ceux qui ne nient pas Dieu, mais ceux qui pour le nier osent prononcer son nom.

Ainsi, au lieu de frapper le pape, on frappe Dieu. Au lieu de frapper le prêtre qui se croise les bras, on frappe la sœur de charité qui sauve les malades.

Voilà pourquoi Celui qui s'appelle Dieu est descendu sur la terre dimanche passé.

Il avait pris la figure d'un galant homme revenu de tout. Mais sa fine moquerie n'empêchait pas sa bonté de sourire sur ses lèvres. Il était vêtu à la mode du jour, avec un pardessus de fourrure qui lui avait bien coûté un billet de mille francs de la Banque universelle.

On ne sait en quel hôtel il était descendu; peut-être fut-ce chez Victor Hugo.

Et maintenant, Seigneur, expliquons-nous tous deux.

*
* *

Ce qui est hors de doute, c'est qu'ils se sont expliqués au dîner du dimanche.

Vacquerie voulut battre le rappel des athées, mais Victor Hugo lui dit : « Vous savez bien que je crois en Dieu. »

Vacquerie se tourna vers Lockroy :
« Et toi, Lockroy-tu en Dieu ? »
Lockroy répondit : « Oui, les jours impairs. »
Dieu, qui n'est pas intransigeant, eut bientôt enchanté tout le monde par son art de bien dire dans la plus belle langue française.

Ce soir-là, Victor Hugo trouva son maître. Le Dieu et le demi-Dieu se quittèrent contents l'un de l'autre.

Victor Hugo promit à Jéhovah de lui rendre bientôt sa visite. Quand je dis bientôt, je veux dire vers 1902, quand le siècle aura deux ans.

*
* *

Le lendemain, Dieu se présenta à l'Élysée. Un ami de la maison lui dit du haut du perron :

— On ne vous connaît pas ; on ne peut rien pour vous. M. Grévy a bien assez de recevoir les ambassadeurs accrédités des pays étrangers.

Il n'aime pas beaucoup les rois ni les dieux.

L'introducteur des ambassadeurs survint en disant :

— Vous n'avez pas d'ambassadeur accrédité ici, votre pays a disparu de la carte. Bonsoir.

Dieu se présenta aussi devant le président du Sénat et devant le président de la Chambre des députés, mais ces deux personnages lui dirent à la porte de leur cabinet :

— Nous ne pouvons pas vous recevoir, parce que votre présence nous compromettrait pour les élections prochaines.

Dieu, qui ne s'étonne de rien, ne s'étonnait pas de se voir abandonner, dans le tourbillon de la politique, par de si grands hommes d'État.

Il avait ouï parler d'un sénateur, un athée ferré à glace, nommé Schœlcher, lequel vient d'écrire un livre curieux sur saint Paul.

Schœlcher, qui est très courtois, offrit un fauteuil au bon Dieu, tout en lui demandant son nom et ses qualités.

— Je me nomme Dieu, je n'ai pas d'autre état civil. J'ai créé le ciel et la terre.

— Ce n'est pas ce que vous avez fait de mieux, dit Schœlcher, qui est né critique. Mais je ne suis pas fâché de causer un peu avec vous, car je croyais que vous n'existiez plus.

Dieu sourit avec sa raillerie surhumaine.

— Je crois, dit-il à Schœlcher, que j'en enterrerai encore quelques-uns comme vous.

— Puisque vous existez, monsieur, pourquoi permettez-vous tant de sottises sur la terre ?

— Vous savez bien, monsieur le sénateur,

que je m'en lave les mains ; vous jouez tous ici-bas la comédie du bien et du mal à vos risques et périls. J'ai donné un coup de pied pour imprimer le mouvement perpétuel, j'ai donné un battement de mon cœur pour que la bonté fût l'âme de la terre : c'était aux hommes à bien se tenir. Tant pis pour les méchants ! Mais vous tous, ô sénateurs ! qui devriez faire le bien, vous n'empêchez pas le mal. Plus les hommes sont doués par moi de la suprême intelligence, plus ils font de bêtises.

— Je vous remercie, monsieur, dit Schœlcher.

Dieu le prit de plus haut :

— Croyez-vous, monsieur Schœlcher, vous qui parlez de la liberté des noirs et qui opprimez les blancs par une multitude de lois plus fatales les unes que les autres, croyez-vous que je sois fâché par votre athéisme ? Quand un homme s'éloigne de moi, je m'éloigne de cet homme et je n'y reviens plus. Quand c'est une nation, je ne lui dois plus rien, je la laisse tomber dans l'abîme des choses. Plutarque ne vous a-t-il pas conté cette histoire grecque ? Écoutez bien :

A Athènes, une pauvre femme élevait ses douze enfants dans l'amour des dieux qui la protégeaient. Un jour, des hurleurs de carrefour apprirent à ses enfants que les dieux étaient morts, que Pluton lui-même, dieu des enfers, ne punirait plus les méchants. Les douze enfants, que la mère avait jusque-là maintenus dans le devoir en leur parlant des dieux, se moquèrent de la pauvre femme, la bravèrent et finirent par la frapper mortellement au cœur.

— Et la moralité? demanda Schœlcher.

— La moralité? C'est l'histoire de toutes les nations qui ont laissé mourir leurs dieux. Est-ce que Rome elle-même n'a pas vu tout tomber autour d'elle, faute des dieux sauveurs?

*
* *

Schœlder se redressa.

— Est-ce que vous vous figurez, monsieur, que la France va périr faute de dieux?

— Peut-être, monsieur le sénateur. Je suis bien désintéressé dans la question, car j'ai jeté dans le monde des millions de théâtres comme le théâtre de la terre. Qu'une des nations de ce grain de sable disparaisse, c'est un bien petit événement pour celui qui voit de haut. Mais enfin je me suis souvent penché de votre côte avec une sympathie profonde, non pas pour l'encens de vos églises, mais parce que des hommes presque divins, comme Lamartine et Hugo, ont prouvé la grandeur de mon infini et de mon idéal. Je sais que vous dînerez vendredi chez Victor Hugo. Celui-là, le plus grand d'entre tous les vivants, ne m'a jamais nié parce qu'il pressent ses destinées futures.

— C'est mon ami. J'ai tout fait pour lui arracher du cœur cette vieille idée du bon Dieu.

— Oui, oui, c'est lui qui vous a dit : « Si « vous ne croyez pas à l'immortalité de l'âme, « c'est que votre âme est mortelle. Si je crois à « l'immortalité de l'âme, c'est que mon âme est « immortelle. »

*
* *

Schœlcher médita cette philosophie hugolienne.

— Ce sont là des enfantillages, dit-il. Mais puisque aussi bien vous êtes au coin de mon feu par ce temps de neige, dites-moi, monsieur, votre opinion sur notre troisième République.

— Je ne suis pas, répondit Dieu, un homme de parti : j'assiste à toutes les évolutions en spectateur sympathique. Je ne siffle jamais, quoiqu'on m'accuse d'avoir dans les mains la clef du paradis et de l'enfer; seulement je vous avertis que votre République, qui croit avoir tout fait, n'a encore rien fait, sinon de me nier, ce qui n'est pas un pas en avant. Elle ferait mieux de marcher dans mon esprit vers les régions lointaines de la terre promise avec l'amour des pauvres sinon avec l'amour de Dieu. Car ce que j'en dis, ce n'est pas pour qu'elle aille à la messe ni pour qu'elle fasse ses Pâques, — je ne m'inquiète pas non plus des billets de confession, — ce que j'en dis c'est pour qu'elle ait le respect des symboles, c'est pour qu'elle aime les sœurs de charité qui sont mes anges, comme les petites sœurs des pauvres.

— Sur ma foi, dit Schœlcher, s'il n'y avait que des anges comme ceux-là, je les aimerais; mais ne me parlez pas des anges qui battent des ailes dans l'azur.

Dieu continua :

— Voyez-vous, monsieur le sénateur, la première Révolution a reçu par la religion son premier coup mortel; non pas parce que l'État s'est séparé de l'Église, mais parce que l'État l'a opprimée. L'État a bien fait de reconnaître tous les cultes; mais il ne fallait pas soumettre l'Église dont il se séparait à la constitution civile; de là un schisme dangereux. On ne soumet jamais les croyances à la loi. C'est là qu'est venu se briser le vaisseau des destinées révolutionnaires. Les philosophes ont manqué à l'œuvre sainte de l'humanité. N'oubliez pas ceci : les cultes ne se détruisent pas, ils se remplacent. Vos philosophies ne sont que des négations. Or, les peuples ne vivent point de négations : il leur faut une foi et un symbole. Vous ne ferez jamais un peuple sans dieu, et quand le peuple aura renié ses dieux il ne sera plus un grand peuple.

— Nous verrons bien, dit Schœlcher.

— Ce que vous verrez, continua Dieu, c'est que les églises seront plus longtemps ouvertes que les clubs, c'est que la croix que vous abattez se relèvera toute seule, parce qu'elle est le symbole du sacrifice. Hier on enterrait un des vôtres, un Parisien endiablé, qui fût devenu un homme de génie s'il se fût tourné vers moi : je veux parler d'About. Il s'est fait enterrer civilement, parce qu'il n'a pas compris que l'église était le salon de la mort ! — or, qu'eût-il dit en voyant devant son corbillard toutes les femmes faire le signe de la croix? Et plus ce corbillard avançait dans le faubourg Saint-Antoine, plus il y avait de signes de croix. Vous voyez bien que vous êtes des enfants en politique, vous voyez bien que la croix se relèvera toute seule. D'ailleurs, vous n'êtes pas logiques; singulier gouvernement que le vôtre : il abat les croix et donne la croix aux missionnaires. En fin de compte, au Tonkin, et dans toutes les colonies, il ne travaille, sans le savoir, que pour le christianisme.

Et après un silence :

— Vous avez donc oublié le mot de Camille Desmoulins, un des vôtres et un des miens : « Je meurs à trente-trois ans pour l'humanité comme le sans-culotte Jésus. »

— Je vois avec plaisir, dit Schœlcher, que vous n'êtes pas barricadé dans tous les préjugés de l'Église.

— Pas du tout : j'aime l'Église quand elle chante et non quand elle parle; j'aime l'Église parce qu'elle est le musée de tous les arts, c'est-à-dire de tout ce qui est beau. Un peu plus, je citerais M. de Voltaire, qui a dit : « L'Église c'est l'Opéra des gueux. »

Schœlcher sourit et salua Dieu en lui disant :

— Vous êtes un bon diable et vous avez peut-être raison.

*
* *

Ce ne fut pas la dernière visite du bon Dieu

aux Parisiens. Il alla au Collège de France pour voir Renan.

— Qui êtes-vous? lui demande le philosophe.

— Un curieux, répondit Dieu; mais je suis digne de vous parler, car j'ai fait mes humanités comme vous, à cela près que ce n'était pas dans un séminaire.

Renan, content de tout, fut content du bon Dieu.

— Dites-moi, monsieur Renan, pourquoi avez-vous fait l'histoire de Jésus-Christ puisque vous n'êtes pas bien sûr que Jésus-Christ ait existé?

— Que voulez-vous? on fait toujours l'histoire d'après la légende...

— Vous devriez faire l'histoire de Dieu, puisque vous ne croyez pas à Dieu.

— Non, je ne crois pas à Dieu.

— Êtes-vous bien sûr de ce que vous dites là?

— Oui.

Renan leva doucement au ciel ses deux yeux de bénédictin.

— Et pourtant, reprit-il, le monde est si beau!

Dieu se contenta du mot de Renan comme d'un acte de foi.

C'est sur ce mot que Dieu reprit le train express du ciel.

— Voilà donc, dit-il, deux athées à la mode du jour — Schœlcher et Renan; — ils ne m'ont pas convaincu que je n'existais pas. Ils me reviendront un jour, si ce n'est en ce monde, ce sera dans l'autre.

DEUX PARISIENNES AUX BORDS DU MISSOURI

Les comédiennes et les cantatrices qui vont en Amérique n'ont pas le temps d'y étudier les mœurs romanesques des peuplades sauvages qui subissent le contre-coup des mœurs françaises. C'est bien dommage, car il y a là des études curieuses.

Adelina Patti a emmené une jeune Parisienne qui a passé de l'Opéra à la comédie et qui nous a conté chez la belle Mme de Bauny ses pérégrinations les plus invraisemblables.

Ce n'est nulle part *Paul et Virginie* ni *Atala et Chactas*, mais voici pourtant une de ces histoires qui a bien son parfum sauvage :

C'était dans une méchante auberge d'une petite ville perchée au bord du Missouri. Pendant que toute la troupe se nichait dans son lit, une grande coquette de Montmartre, Mlle Charlotte Lemonnier, plus curieuse et moins endormie que les autres voyageuses, a voulu voir de près les mœurs du pays.

Il paraît que là-bas il y a encore des femmes, mais, hélas! où sont les hommes? Il faudra dix générations pour faire sortir du brouillard ces ébauches humaines!

Tous les habitants des alentours étaient venus ce soir-là pour assister au spectacle donné par la troupe errante.

Comme ils ne comprenaient pas le français, ils ne s'étaient pas amusés à la *Dame aux camélias*, si ce n'est à la chanson.

Mais pour s'en consoler ils firent le diable à quatre dans l'auberge, dansant, chantant, hurlant.

Ils en étaient aux lanciers et au galop de 1850. On eut peur un instant que la maison ne croulât sous les trépignements de ces enragés.

Un Missourien, vrai chenapan du désert, empoigna Charlotte Lemonnier au corsage et lui fit bon gré mal gré courir tous les étages, valsant et galopant. Il n'y avait pas à dire « mon bel ami »! Elle avait beau crier et se débattre, il était le plus fort. Elle se croyait déjà à son dernier jour, quand une jeune fille toute jolie et toute blanche fit un signe cabalistique à cet intrépide entraîneur. Il s'arrêta tout à coup, comme si Dieu lui-même eût parlé.

Alors la jeune fille dit à Charlotte :

— Vous en revenez d'une belle ; quand celui-là tient une femme, il ne la lâche pas ; j'en sais qui sont mortes en dansant.

La cantatrice fut surprise et ravie de voir une demi-sauvage qui parlait le français. Elle était charmante ; aussi elle l'embrassa comme une sœur qui la sauvait d'un vrai péril.

Sa sympathie fut d'autant plus éveillée qu'il lui sembla vaguement avoir vu cette figure dans les coulisses de la vie parisienne.

Il faut avoir été devant le Missouri pour comprendre la joie d'une Française qui rencontre une Française.

— Qu'est-ce que vous faites ici, au milieu de tous ces types à faire frémir?

La jeune fille sourit tristement.

— Je ne fais rien, je les adoucis.

— Vous êtes donc une missionnaire?

— Peut-être.
— Depuis quel temps avez-vous quitté la France?
— Depuis deux ans.
— Pourquoi? et pourquoi êtes-vous venue ici?
— C'est trop de « pourquoi ».
— Voyons, vous pouvez tout dire à une compatriote?

Charlotte reprit la main de la jeune fille et l'entraîna dans une salle presque déserte où fumaient quelques abrutis.

Vainement elle la prit par tous les côtés, sans lui arracher son secret.

Elle lui représenta qu'elle avait tort de vivre avec les sauvages :

— Quand on a une aussi jolie tête, on fait le bonheur d'un galant homme, à Paris ou ailleurs.

La jeune fille regarda Charlotte avec un sourire amer.

— Un galant homme? Moi je n'en ai pas connu à Paris ni ailleurs.

— Vous avez donc habité Paris?

Un silence.

— Vous voulez savoir ce que je ne sais plus moi-même.

La jeune fille fermait son cœur à triples verrous ; seulement, Charlotte remarquait que dans la douceur de ses yeux on voyait scintiller des regards qui étaient des épées. Les yeux sont les fenêtres de l'âme ; par les yeux de l'expatriée on entrevoyait un drame.

*
* *

Une fois couchée, la comédienne voulut dormir, mais elle était possédée tour à tour par le souvenir du sauvage qui l'avait si rudement secouée et de la Française plus ou moins Parisienne qui avait surexcité sa curiosité.

Le lendemain, on alla saluer le Missouri ; Charlotte voulut embrasser sa compatriote pour lui dire adieu, mais elle était partie en avant. La comédienne la retrouva rêveuse devant le fleuve.

Dès qu'elle revit la jeune fille, elle ressentit une vive émotion.

— Cette fois, je vous reconnais bien, lui dit-elle.

— De grâce, madame, ne me reconnaissez pas !

Charlotte avait reconnu Eugénie Rivoire,

une amie d'un jour : elles avaient déjeuné ensemble dans l'atelier d'un peintre.

— Est-ce donc la mort de votre amant qui vous a exilée dans le désert?

— Non, c'est un plus grand malheur.

— Parlez, vous savez que je suis une amie.

Eugénie Rivoire fit signe à Charlotte qu'elle ne voulait pas être entendue des écouteuses.

— De grâce, madame, ne me forcez pas à vous répondre, car je redeviendrais folle.

— Vous avez été folle?

— Oui, et c'est pour échapper au cabanon de Bicêtre que je me suis enfuie jusqu'ici.

— Pauvre fille!

— Oui, pauvre fille... Je ne dirai jamais par quelles misères j'ai passé.

— Parlez-moi... parlez-moi!

Eugénie Rivoire ne voulait pas dire un mot de plus.

— Voyons, lui dit la comédienne, l'embrassant, nous ne nous reverrons jamais; mais je ne vous oublierai pas, puisque vous serez pour moi une amie lointaine. Je veux vous connaître tout entière : dites-moi pourquoi vous êtes ici.

L'expatriée dit encore, comme la veille, qu'elle ne savait plus.

Elles se promenèrent ensemble.

— Puisque vous êtes curieuse, madame,

sachez donc que je viens souvent devant ce fleuve avec la pensée de m'y cacher à jamais. Un jour, dans les Montagnes Rocheuses, on m'a sauvée quand je me noyais.

— Mon enfant, rien n'est désespéré; n'avez-vous donc pas une famille?

— A peine une tante.

— Ce n'est pas votre tante qui vous a chassée jusqu'ici?

— Non, je n'ai obéi qu'à moi-même.

— C'est extraordinaire; vous avez été bien élevée; je vois par tout ce qui est vous que vous avez vécu dans un monde qui n'aime pas le désert. Si vous pleuriez une grande douleur, n'aviez-vous pas le couvent en France?

— Oh! le couvent n'est pas ouvert aux créatures comme moi.

Charlotte, qui prenait tous les tons pour savoir la vérité, dit alors d'un air gai :

— Vous avez donc tué père et mère?

La jeune fille essaya un sourire.

— J'étais orpheline à six ans! Vous perdrez votre temps à me questionner, puisque je vous dis que je ne veux pas me souvenir.

— Voulez-vous retourner avec nous en France? Voulez-vous jouer des amoureuses? Voulez-vous...

— Je ne veux rien du tout. Bien loin de

retourner en France, je voudrais en être encore plus loin. Mais mon dernier voyage sera sur le Missouri. Je l'ai déjà déjà dit aux comédiennes qui viennent ici, à Sarah Bernhardt et à Marie Colombier.

*
* *

J'oubliais de dire comment Charlotte Lemonnier avait rencontré à Paris Eugénie Rivoire.

C'est qu'elle-même avait posé dans l'atelier du peintre un matin que sa maîtresse lui apportait un panier de fraises. Il offrit à la comédienne de déjeuner à l'atelier.

Le déjeuner fut servi avec une grâce exquise par Eugénie Rivoire, mais en même temps avec quelque réserve.

Charlotte n'eut pas de peine à deviner que c'était la maîtresse de céans. Mais une maîtresse qui ne s'imposait pas. Comme elle était fort jolie, Charlotte, en véritable artiste, se prit à elle et lui fut très caressante par la parole comme par les yeux. A la fin du déjeuner, elle l'embrassa gentiment comme pour la consoler de la froideur insouciante du peintre. Eugénie fut touchée et ne put cacher une larme.

— Voyons, voyons, dit Charlotte à son portraitiste, cette charmante enfant n'est pas tout à fait heureuse; si c'est votre faute, tant pis pour vous.

Charlotte quitta ces deux amoureux, mais elle garda dans son souvenir comme une vive eau-forte la figure d'Eugénie.

Voilà pourquoi elle l'avait reconnue ; voilà pourquoi elle avait voulu savoir son histoire.

*
* *

Tout en voulant ne rien dire, Eugénie Rivoire se confessa à Charlotte en arrachant les mots de son cœur, coupant sa confession par des silences terribles, rougissant, pâlissant, éperdue, les yeux en flammes. Il semblait qu'elle n'osât avouer à elle-même ce qu'elle disait à la cantatrice.

Cela dura tout un quart d'heure. Les deux femmes étaient d'abord debout, Eugénie Rivoire tomba agenouillée sur le sable, Charlotte Lemonnier la releva et l'entraîna pour la faire asseoir sur une pierre à côté d'elle.

Et voici ce que raconta Eugénie Rivoire :

Le peintre Charles ***, qui eut un quart

d'heure de célébrité, l'avait séduite. Elle était venue poser dans son atelier pour une figure de Vierge. Et c'était bien une figure de Vierge : le type de la belle Jardinière, avec quelque peu d'expression de la sainte Cécile. Elle posait avec toute la candeur d'une innocente qui ne voit rien venir.

Et comme une innocente elle se laissa prendre, parce qu'elle n'avait pas songé à se défendre. Le peintre, qui n'en était pas à sa première aventure, lui avait dit : « Tu seras ma femme. »

La pauvre éplorée se consola dans l'amour. Un an après, elle était mère, mais elle n'était pas la femme du peintre. Qui donc conseilla à cette pauvre fille, qui était née avec toutes les vertus, de jeter son enfant à la Seine? L'Esprit des ténèbres en a perdu plus d'une de ces désolées qui deviennent criminelles pour cacher qu'elles ont été pécheresses. Le crime d'Eugénie fut découvert. Elle fut traînée au supplice, c'est-à-dire jetée en prison, où elle pleura six semaines son enfant. Le désespoir en fit une folle furieuse; mais au moment où on la jetait à Bicêtre dans un cabanon, l'horreur d'elle-même lui donna des éclairs de raison.

Le lendemain elle parvint à s'échapper. Où alla-t-elle?

Elle arriva toute pâle dans l'atelier de son amant.

— C'est moi !

C'était lui qui devait s'accuser devant elle, mais ce fut lui qui l'accusa.

— Oh ! malheureuse mère ! lui dit-il sans vouloir l'embrasser.

— Oh ! malheureux père ! s'écria-t-elle en sanglotant.

Elle fit deux pas en arrière ; il ne la retint pas, tant il avait peur qu'on ne l'accusât de l'avoir inspirée à l'heure fatale.

Lâcheté des hommes qui n'ont pas le courage d'être des hommes pour leurs enfants !

Quand elle fut dans l'escalier, son amant la rappela. Il était trop tard.

La folie l'avait reprise ; elle allait droit devant elle, cheveux dénoués, cherchant et ne trouvant pas, comme toutes les folles.

Et le peintre fut rudement puni.

Quelques jours après la visite inattendue de cette pauvre folle qui avait des lueurs de raison, il fit le portrait d'une jeune veuve qui, à l'inverse de tant d'autres, ne se consolait pas dans son veuvage.

Le portrait était à peine achevé que, lisant dans le cœur de cette inconsolable comme dans un livre ouvert, il se jetait à ses pieds et lui demandait sa main.

Était-ce pour sa beauté? Était-ce pour son argent? Il se maria sans voir apparaître le spectre de l'enfant mort, mais non sans songer à la figure terrible et désolée de la mère. Le souvenir des mauvaises actions nous suit pas à pas. Il s'appelle le remords, mais nous détournons les yeux.

La jeune veuve épousa le peintre pour se consoler.

Elle aussi lui donna un fils. Elle éclata dans toute sa joie, car c'était pour elle un rêve réalisé.

— Tu ne sembles pas content, dit-elle à son mari.

— Je suis très content, mais ces adorables marmots sont si fragiles!

Est-ce que déjà le pressentiment oppressait son cœur?

**

Cependant, qu'était devenue Eugénie Rivoire? La pauvre folle, cette fois, avait osé frapper à la porte d'une tante qui, après des malédictions, redevint si maternelle à cette désolée qu'elle parvint à l'apaiser dans ses désespoirs. Elle se tournait vers Dieu. On la cachait dans la maison comme une criminelle qui n'a pas payé sa dette à la justice, mais elle s'échappait pourtant pour aller prier à l'église Saint-Séverin.

Un jour elle ne prit pas le chemin de l'église : quelle prescience fatale la conduisit encore rue Notre-Dame-des-Champs, à l'atelier du peintre ?

Il n'y était pas.

On lui indiqua un appartement en face, où elle le pourrait trouver. Elle monta. Elle ne le trouva pas, mais, à peine entrée, un cri d'enfant vint à son oreille.

Elle se précipita vers le berceau tout à côté du lit de la mère, qui n'en était pas encore à ses relevailles.

La folie furieuse l'avait-elle ressaisie ? Elle fit le signe de la croix, elle prit l'enfant, elle l'embrassa et le précipita par une fenêtre ouverte.

— Mon enfant ! mon enfant ! cria-t-elle.

Et comme si elle courait pour retrouver l'enfant, elle descendit l'escalier de la maison, plus rapide qu'un torrent.

Les journaux du temps ont parlé du crime de cette folle, qui n'était peut-être pas folle ce matin-là.

Ce fut alors qu'elle disparut à tout jamais.

Vainement sa tante la chercha partout, jusque dans la nuit des prisons, jusque sur les dalles de marbre de la Morgue.

Comment était-elle arrivée jusqu'au Missouri ?

C'est que le jour de cet autre crime elle était allée voir une de ses amies qui partait pour l'Amérique comme institutrice.

— Oh ! de grâce, emporte-moi dans un pli de ta robe ! car à Paris je ne vois que l'échafaud et Bicêtre.

L'institutrice eut pitié d'Eugénie. Elle la proposa comme lectrice, comme femme de chambre, comme cuisinière dans la famille qui l'emmenait.

Ce fut ainsi qu'elle passa en Amérique.

Mais, comme elle le dit à Charlotte Lemonnier, elle avait emporté son crime avec elle.

Et quand elle eut tout conté :

— Priez Dieu pour moi, murmura l'exilée en prenant la main de Charlotte.

Tout effrayée de la confession, Charlotte demandait ce qu'elle voyait dans sa main, comme pour la distraire de ses angoisses.

De rudes batailles si vous ne domptez pas votre caractère; vous vivrez trop longtemps pour votre bonheur et pour le bonheur des autres.

Alors elle cueillit à son corsage quelques fleurs sauvages.

— Tenez, madame, acceptez en souvenir ce bouquet; il me semble que mon cœur chaud lui a donné la vie. Gardez-le au moins jusqu'à votre retour à Paris, là vous pourrez le jeter : il me sera doux de penser que quelque chose de moi est retourné en France.

Elle remercia Charlotte de ses sympathies et s'en alla, sans retourner la tête, rejoindre une bande de curieux et de curieuses qui la saluèrent d'acclamations.

Charlotte apprit le soir qu'elle s'était conquis le cœur de tous ces demi-sauvages de Saint-Joseph en lisant dans la main et en tirant les cartes.

Aussi elle a souvent raconté cet épisode à ses amies, se promettant d'en faire un roman.

Il ne lui manque que Cooper pour collaborateur.

*
* *

Qui dira jamais les angoisses de cette amoureuse égarée jusqu'au crime, de cette mère qui a jeté son enfant à la Seine? de cette jalouse qui a jeté par la fenêtre l'enfant d'une rivale? de cette éplorée qui dit à tout le monde, là-bas, sur les rives du Missouri :

— J'ai eu beau changer de patrie, je ne puis apaiser mon cœur; la mort elle-même ne pourra m'empêcher de pleurer!

L'enfer du Dante n'est que l'enfer des morts. L'enfer des vivants n'est-il pas mille fois plus terrible? Savez-vous rien d'aussi douloureux que la vue de cette affolée inconsolable qui fuit son crime au bout du monde? Il me semble toujours voir sa silhouette se dessinant, les jours de tempête, sur le Missouri qui pleure avec elle.

. . . .

Ceux qui vivent de parisianisme se demandent souvent où vont les Parisiennes disparues. S'ils faisaient le tour du monde, ils les retrouveraient un peu partout, même dans les déserts.

LA DAME AUX CENT MILLIONS

I

Le jour où la loi salique a été proclamée, les femmes ont régné en France. Elles n'ont été dispensées des ennuis de la couronne que pour fonder leur empire éternel. Il y a encore des gens qui s'imaginent régner et gouverner. Ils ne règnent pas, ils ne gouvernent que le monde matériel; car ce sont toujours les femmes qui règnent et — qui gouvernent le monde des esprits. Qu'est-ce que la force publique en face de la force morale? Qu'est-ce qu'un homme en face d'une femme? Depuis le commencement du monde, l'homme a été joué par la femme quoiqu'elle ait toujours eu l'air d'être menée par lui. La toute-puissance de la barbe est un vain mot. Girardin, qui avait la prétention de mener l'opinion, fut jusqu'à la fin l'esclave de la première robe venue, tombant sans vergogne à genoux, comme un jouvenceau.

Les fiers-à-bras de la politique ont la douce illusion qu'ils portent leur tête comme un saint-sacrement, croyant qu'il y a quelque chose là ; mais il n'en est pas un qui ne soit à la merci d'une femme, laquelle leur fait donner des crocs-en-jambe à leur opinion si cela lui plaît. Le jour où M. Guizot fut acclamé à la tribune pour son plus beau discours, il perdit son chapeau; un de ses ennemis le ramassa et y trouva une lettre : « Voilà, dit-il, un secret d'État. » Comme ce n'était pas un galant homme, il lut la lettre. Or, cette lettre était une lettre éperdument amoureuse! Si l'austère Guizot tombait comme les autres sous le charme, qui donc y résisterait?

Ceci explique l'empire inouï de quelques femmes hors ligne parmi les plus bruyantes, surtout si elles sont armées de volonté. Mme de

Païva fut de celles-là. Si elle n'eût promené de par le monde qu'un beau corps sans âme, les journaux ne la salueraient pas d'un adieu comme une des forces féminines de son temps. Mais dans sa compagnie on avait à qui parler, quelle que fût la langue. Elle était de celles qui savent tout sans avoir rien appris; elle n'avait bien lu que le livre du monde, mais comme elle le savait par cœur! Comme elle dévisageait les gens et comme elle démasquait les hommes ! « Mes amis ne me trahiront jamais, disait-elle, parce que je n'ai pris que ceux que j'avais passés au creuset. »

Elle garda ses amis : il faut dire que la renommée elle-même les avait passés au creuset, puisqu'ils se nommaient : Eugène Delacroix, Auber, Théophile Gautier, Ponsard, Léon Gozlan, Emile Augier, de Goncourt, Baudry, Lefuel, Pradier, Cabanel, Girardin, du Sommerard, Roqueplan, le bibliophile Jacob, Henry Houssaye, Saint-Victor, Nigra, presque tous les ambassadeurs étrangers. On mit au compte d'Augier et de Gozlan des malices sur elle qu'ils n'ont jamais dites. Quand on va dîner chez les gens on n'emporte pas le menu pour le jeter dans la hotte des chiffons littéraires.

On allait chez elle comme on allait chez Ninon et Mme de Maintenon, chez Mme de

Tencin, Mme Du Deffant et Mme Geoffrin, non pas que, comme la dernière, elle donnât des culottes à ses convives, non pas parce que la salle à manger était la plus belle de Paris, mais parce que c'était une petite académie intime où nous étions heureux de nous retrouver sous la présidence de cette femme, qui n'était pas une femme savante, mais qui pouvait nous en remontrer à tous. Elle disait d'ailleurs qu'un homme n'achevait sa philosophie qu'à l'école des femmes.

II

Voulez-vous la vie à vol d'oiseau de cette victorieuse qui mit en pratique avec tant de violence la théorie de la volonté?

Née dans une arrière-boutique de Moscou, elle aspira au grand air et s'envola comme un oiseau qui brise sa cage d'un coup d'aile. Elle courut un peu le monde sans savoir son chemin; aussi prit-elle le chemin des écoliers pour arriver à Paris. Mignon aspire au pays où fleurit l'oranger, les conquérantes aspirent au pays où fleurit le luxe.

Elle commandait deux corps d'armée : sa

beauté et son esprit; par surcroît, elle était née musicienne. Voilà pourquoi elle fit sa première halte parmi les pianos de Henri Herz, qui fut ensorcelé par la femme comme par la musicienne. Cette folle du logis devint la femme à la maison, à ce point que nul ne fut surpris de voir entrer partout, même à la cour, M. et Mme Herz.

On disait qu'elle était *mariée ailleurs*, mais à Paris une étrangère a tous les privilèges.

On parla beaucoup de Mme Henri Herz, qui jouait du piano tour à tour comme Liszt et comme Chopin. On s'étonnait qu'elle se peignît : jamais aquarelliste anglais ne répandit des tons plus fins, plus riants, plus harmonieux que Mme Henri Herz n'en répandit sur sa figure. En ce temps-là, c'est à peine si on avait réinventé la poudre à la maréchale; les femmes ne faisaient pas encore leur tête. Jules Janin écrivit un feuilleton sur ces choses-là, où il parla d'un visiteur mal accueilli chez Mme Herz, sous prétexte que madame séchait. La grande pianiste eut donc le premier prix de peinture avec le premier prix de piano.

On soupait alors chez elle, où elle ramenait quelques amis, au sortir de l'Opéra. Et c'était la comédie.

Théophile Gautier écrivit des sonnets sur

cette beauté circassienne qui l'avait séduit par je ne sais quel air de domination et de sauvagerie. Elle était reçue un peu partout, grâce à son passeport d'étrangère, grâce aussi à la figure bénigne de Henri Herz, qui avait bien la mine d'un mari. On lui fit fête même à la cour, jusqu'au jour où on la trouva trop bruyante dans ses robes décolletées. On ne se décolletait guère alors. La Circassienne trouvait trop simple de montrer ses beaux bras comme tant de femmes aujourd'hui montrent qu'elles n'en ont pas. Elle fut une de celles qui firent dire à M. Thiers, ce naturaliste sans le savoir : « La belle chair! j'en mangerais. »

III

Une seconde fois, elle donna un coup d'aile dans sa cage et s'envola en Angleterre. Je passe sur quelques romans où elle joua diverses héroïnes, mais toujours des premiers rôles. Quand elle revint en France, elle put se payer un troisième mari, cette fois en passant par la mairie et par l'église. C'était le marquis de Païva, un fort galant homme qui voulait faire une fin. Avec elle ce n'était toujours qu'un commencement. Elle croyait épouser un grand d'Espagne : il avait parlé de ses terres par delà les Pyrénées; mais ce Don Juan n'était qu'un Jean sans terre; ce grand d'Espagne n'était qu'un grand de Portugal. Elle le tint à distance non sans lui donner douze mille livres de rente. Rien ne lui coûtait.

Elle rencontra, vers ces temps-là, le comte de H***, cousin de M. de Bismarck, un vaillant jeune premier, cent fois millionnaire. Elle le détourna de ses millions par un mirage mystérieux. Il l'avait vue à Londres; il la revit à Paris, puis à Bade, puis à Vienne, puis à Constantinople; il ne pouvait faire un pas sans voir toujours cette femme qu'il ne poursuivait pas, quoiqu'elle semblât le fuir. Je pourrais faire ici une citation de Virgile, mais Virgile est trop démodé.

Un jour pourtant le comte de H*** arrêta au passage cette fugitive. Il lui offrit sa main : « Je ne puis vous donner la mienne, car je suis déjà mariée trois fois. — Eh bien, marquise, j'attendrai. »

Le comte devint un des amis de la maison. On ne refuse rien de ses amis. Voilà pourquoi elle accepta le château de Pontchartrain, où pleurait encore l'ombre de la Vallière. La marquise habitait princièrement son hôtel de la place Saint-Georges ; elle habita royalement le château de Pontchartrain, où tous ses amis vinrent en villégiature. Ce fut par excellence la vie de château : chasses, pêches, comédies, cavalcades, tournois d'esprit, dîners à fond de train. Il n'y manquait que des femmes, surtout quand son amie, la plus charmante entre toutes, Mme Roger de Beauvoir, fut prise par la mort.

Plusieurs de ses amis la comparèrent à la fourmi, cette cigale. *La fourmi n'est pas prêteuse.* L'un deux paria un jour avec moi qu'elle ne prêterait cinq louis à aucun de nous. Je pariai cinq louis qu'elle me prêterait cent mille francs. Je les lui demande. Elle va chercher son carnet et me signe cent mille francs. De la même plume, j'écris une reconnaissance sur le revers d'une lettre. Elle la lit et la brûle à la bougie. Tout aussitôt je brûle le chèque de cent mille francs. « Que faites-vous là ? — Je vous rends vos cent mille francs. — Pourquoi ? — Parce que c'était un pari de cinq louis et je l'ai gagné. Voilà donc cinq louis pour vos pauvres. »

Mlle Rachel avait été aussi l'amie de Mme de Païva. Pourquoi se brouillèrent-elles ? Pour un bracelet, dont l'une voulut se parer avant l'autre ? Ces deux terribles volontés tombèrent en pièces au premier choc.

A propos de bijoux, est-ce la peine de rappeler que la marquise portait les diamants de toutes les royautés en exil? Combien de millions dans ses écrins! Car on ne la verra plus à l'Opéra, toute éblouissante. La mort a jeté son voile noir sur celle qui se croyait, le soir, la fée de la lumière. Ah! si ces bijoux contaient l'histoire de toutes celles qu'ils ont parées. Que de comédies, mais que de drames! que de rires, mais que de larmes, depuis la reine Marie-Antoinette jusqu'à l'impératrice Eugénie!

On vint un matin proposer à la marquise un superbe pendant d'oreille. C'était pour rien : un demi-million. Elle paya. Mais où trouver un autre diamant pareil? Elle savait qu'on ne le trouverait pas en Europe. Elle dépêcha un ambassadeur extraordinaire vers les Indes, lequel finit par lui rapporter le diamant voulu. Ça n'avait coûté qu'un million et une année de recherches!

Elle abusait d'ailleurs de sa théorie de la volonté, en disant à ses amis pauvres, car elle en avait :

— Si vous n'êtes arrivé à rien, c'est que vous n'avez pas voulu arriver.

L'un d'eux lui répondit lestement :

— La théorie de la volonté donne raison aux femmes, parce que les femmes ont des ressources que n'ont pas les hommes.

Autre signe de volonté : au temps où elle déjeunait d'une espérance et où elle soupait d'une illusion, un cocher la versa dans les Champs-Élysées, presque en face du petit hôtel de Morny.

Elle se releva comme si elle fût tombée sur un lit de roses. C'est, dit-elle, une marque de la destinée. Tout en croyant à son étoile, elle voulait la conduire, aussi pensa-t-elle que cette chute lui serait payée. Elle décida ce jour-là — quoiqu'on ne fut qu'en 1844 — qu'elle se bâtirait un palais vis-à-vis de la place où elle était tombée. Ce palais, bâti par elle en 1864, est tout simplement une merveille à mettre sur une étagère : les chefs-d'œuvre de Baudry sont là. On peut dire que jamais, depuis le xvi° siècle, on n'a peint de pareils plafonds — largeur de touche, beauté de la composition, éclat du coloris. — C'est superbe! Il faudrait parler de l'escalier, qui est un pur bijou en onyx ; des cheminées, qui sont taillées par les premiers sculpteurs ; des tableaux de Gérôme, de Cabanel, de Hébert. Et Caligula n'eût pas rêvé de plus belles écuries pour le consulat de son cheval.

Mais passons : tout cela est en deuil. Elle avait pourtant commandé un festin pour le mois de janvier, comme pour vaincre la mort, cette suprême volontaire. Ce fut un festin chez Pluton — car c'était une païenne.

La marquise de Païva, devenue la comtesse de H***, est morte avant-hier en Silésie, dans un château qui est tout simplement la répétition du château des Tuileries, bâti par le savant Lefuel, qui continua en achevant le Louvre les Tuileries françaises. Il est mort de chagrin pour avoir perdu un enfant.

Mme de Païva n'eut qu'un chagrin dans sa vie : n'avoir pas d'enfants ! Elle avait adopté la fille de Mme Roger de Beauvoir, mais elle mourut à seize ans. Qu'est-ce que la vie? Qu'est-ce que la fortune? « Des nuages qui fuient, » a dit Salomon, qui est encore moins démodé que le poète Virgile.

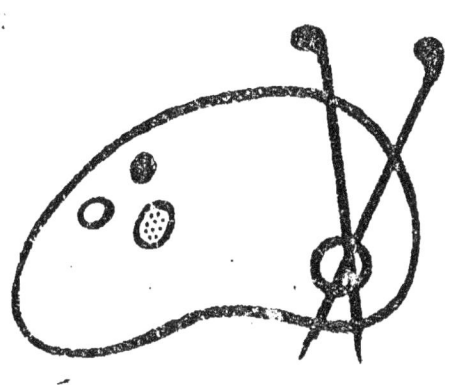

Original en couleur

NF Z 43-120-8

ARSÈNE HOUSSAYE
CONTES POUR LES FEMMES

LES FEMMES ROMANESQUES

CONTES
POUR LES FEMMES

ARSÈNE HOUSSAYE

LES ONZE MILLE VIERGES
1 volume elzévirien, illustré de 20 gravures, 5 fr.

LE DIX-HUITIÈME SIÈCLE
La Régence. — Louis XV. — Louis XVI. — La Révolution.
Édition de bibliothèque en 4 vol. in-18 à 3 fr. 50.

HISTOIRE DU 41e FAUTEUIL DE L'ACADÉMIE
15e Édition. — 1 vol. in-18, 3 fr. 50. 1 vol. in-8,
20 portraits, 20 fr.

LES DOUZE NOUVELLES NOUVELLES
24e édition. — 1 vol. illustré, 3 fr. 50

LA COMÉDIENNE
12e édition. — 1 vol. in-18, eau-forte, 3 fr. 50.

LE ROI VOLTAIRE
*Sa Jeunesse. — Ses femmes. — Sa Cour. — Son Sacre. —
Ses Ministres. — Son Dieu.*
1 volume elzévirien à deux couleurs, 3 portraits, 5 fr.

LES GRANDES DAMES
36e édition. — 1 beau volume in-18, 3 fr. 50.

HISTOIRE D'UNE FILLE PERDUE
Avec une étude de P. de Saint-Victor, 1 vol.
in-18, 3 fr. 50.

L'ÉVENTAIL BRISÉ
2 vol. portraits, 7 fr.

LA COURONNE DE BLEUETS
1 volume, eau-forte de Théophile Gautier, 3 fr. 50.

LES TROIS DUCHESSES
10e édition, 1 vol. in-18, portraits, 3 fr. 50.

LES LARMES DE JEANNE
1 vol. in-18, portraits, 3 fr. 50.

LES CONFESSIONS
Souvenirs d'un demi-siècle.
4 volumes in-8°, avec gravures et autographes, 24 fr.

Saint-Quentin. — De l'Imprimerie J. MOUREAU et FILS.

UN AMOUR D'OUTRE TOMBE

ARSÈNE HOUSSAYE

CONTES
POUR LES FEMMES

EAUX-FORTES ET ILLUSTRATIONS PAR
HANRIOT DE SOLAR

IV

LA TRAGÉDIE D'UN COMIQUE
UN AMOUR D'OUTRE-TOMBE
DIANA

PARIS
C. MARPON ET E. FLAMMARION
ÉDITEURS
26, RUE RACINE, PRÈS L'ODÉON

Tous droits réservés.

LA TRAGÉDIE D'UN COMIQUE

Voyez-vous là-bas, sur la terrasse de Saint-Germain, ces deux amoureux qui se promènent nonchalamment bras dessus bras dessous, penchés l'un vers l'autre, se humant des lèvres et se brûlant du regard.

Ils ne sont plus de ce monde, tant ils sont emportés par leur chimère.

Ils sont venus de Paris pour s'aimer dans l'air vif, pour renaître dans une autre atmosphère.

C'est un comédien et une comédienne ; ils ont voulu laisser dans les coulisses tous leurs crimes passés : les souillures et les trahisons.

Ils se sont promis de déjeuner au pavillon Henri IV et de passer l'après-midi dans la forêt de Saint-Germain, cueillant des fleurettes, se roulant sur l'herbe, vivant à pleine volée des joies agrestes.

Chacun avait joué des rôles bien divers : ne pouvaient-ils jouer pour eux-mêmes, sans spectateurs, le roman de la nature : *Daphnis et Chloé*.

— Ah ! Maria, comme je suis heureux ! tu es si belle et je t'aime tant !

— Oh ! Adolphe ne me parle pas ainsi, je sens que je m'évanouis tant je suis contente d'être avec toi, loin des gens de théâtre, loin de toutes ces femmes qui ne sont pas dignes de ton cœur !

Et beaucoup d'autres phrases toutes faites, parce que c'est toujours le jeu connu, même quand ce n'est pas un jeu.

Si le déjeuner fut gai, vous n'en doutez pas ; si la promenade dans la forêt fut sentimentale, vous en doutez encore moins.

Maria fit sa confession à Adolphe. C'était si

touchant qu'il lui montra des larmes. Elle pleura elle-même pour être au diapason.

Sous le chêne de Saint-Louis, on se jura de s'aimer à la vie à la mort.

*
* *

Voici le commencement et la fin de cette idylle.

Naguère les femmes faisaient toute sorte de jolies choses, aujourd'hui elles font des affaires, depuis la femme comme il faut jusqu'à la dernière des cabotines.

C'est à qui aura son hôtel du côté de celui de Mlle de la Guigne, les cabotines aussi bien que les femmes comme il faut : l'argent est le nerf de la vie des femmes.

Maria, tout horizontale qu'elle soit, fit des affaires comme tant d'autres.

Des affaires? lesquelles? Oh, mon Dieu, ce fut bien simple. Elle mit sa maison en commandite.

Son ami Émile de Girardin n'avait-il pas mis en commandite, inconsciemment, je n'en doute pas, des mines qui ne renfermaient pas même des truffes.

Oui, sa maison fut un pigeonnier en commandite, pour que tous les pigeons de la Bourse et du turf y vinssent se prendre au trébuchet.

Elle m'offrit des actions ; mais il y avait déjà trop d'actionnaires. Vous allez voir comme c'était bien organisé.

Elle eut d'abord un marchand de vin du Rhin et un marchand de vin du Rhône, flanqués d'un journaliste et d'un orfèvre. Vous êtes orfèvre, monsieur Josse ? Celui-là donnait des bijoux à Maria, moyennant quoi le journaliste comparait l'orfèvre à Benvenuto Cellini et à tous les orfèvres florentins.

Naturellement, les marchands de vin donnaient à boire aux deux autres qui payaient chacun en leur monnaie.

Et cela se gagnait de proche en proche, parmi les amis de la dame et les lecteurs du journaliste. Ces quatre commanditaires s'entendaient comme larrons en foire et tous les quatre se croyaient l'amant de cœur. Mais pas si bête que de faire un jaloux ! l'amant de cœur n'arrivait qu'après le départ des quatre commanditaires ; que voulez-vous, on ne peut acheter à soi seul une charge d'agent de change ? N'avez-vous pas rencontré dans le monde des huitièmes d'agent de change, sans compter les coulissiers. Maria se contentait de quatre amoureux.

Il est vrai qu'elle en avait un cinquième caché

dans l'armoire. L'un des quatre l'avait vu rôder quelquefois aux abords de la maison sur le coup de minuit. C'était le journaliste; il était plus familier que les trois autres aux malices du théâtre : Il flaira le cabotin; il ouvrit mieux les yeux.

Un soir, qu'il était resté le dernier plus ou moins platoniquement — l'adieu sentimental du canapé. — il vit passer une ombre dans la chambre à coucher.

Il offrit à Maria de l'accompagner jusqu'à son lit.

— Comment donc ! de tout mon cœur !

Elle sonna sa camériste et lui dit :

— Faites ma couverture.

La fine mouche comprit; elle touchait d'ailleurs cinquante francs pour ses gages et cent francs pour comprendre.

Elle alla faire la couverture du lit à deux faces et à ciel ouvert. — Le lit des grands jours et des grandes nuits ! — Or le cabotin ne montait jamais jusque-là.

Celui qui fut mis dedans, ce fut le journaliste, — je veux dire dehors. — Quand il vit qu'il n'y avait rien à voir, il baisa la main de la dame et s'en alla tout en disant comme Galilée :

— Et pourtant il tournait autour du lit !

Le lendemain, quand le journaliste vint dîner, il arriva trop tôt comme il était parti trop tard la veille.

Il vit distinctement, sous les robes du cabinet à robes, deux jambes pantalonnées, terminées par des bottines du n° 43.

— Voilà mon homme, dit-il.

Un peu plus, il courait pour le jeter par la fenêtre.

Mais qui dit journaliste dit philosophe. Au lieu d'étriper l'homme, il le prit en commisération. C'est au point que quand on fut à table et qu'on servit un admirable faisan tué à Chantilly, il en découpa lui-même une cuisse, la couvrit de truffes et s'en alla silencieusement vers le cabinet de toilette.

La porte résista, mais d'un violent coup de pied il en eut raison. Il se trouva face à face avec un monsieur qui avait joué les comiques à Montmartre et qui était destiné à l'exportation. Il le reconnut et se mit à rire..

C'était même la première fois que ce comique lui paraissait si gai. C'est qu'il ne l'était pas du tout et il portait alors sans aucune fierté la figure la plus tragique.

Le journaliste ayant laissé un couteau dans l'assiette, le cabotin s'imagina qu'on allait le découper.

— Mon cher monsieur, lui dit le journaliste, vous savez votre histoire. Je joue le rôle de Henri IV qui, voyant un de ses gentilshommes caché sous le lit de la belle Gabrielle, lui jeta un poulet : « Mon ami, il faut que tout le monde vive ! »

Le journaliste croyait que le comique prendrait bien sa plaisanterie renouvelée du roi au triple talent, mais pas du tout.

Quand le cabotin jugea que sa vie n'était pas en péril, il le prit à la dignité ; quoique la cuisse du faisan lui montât au palais, il dit avec un geste dédaigneux :

— Monsieur, je ne mange pas de ce pain-là.

— Ah ! vous ne mangez pas de ce pain-là ! je croyais que vous n'en mangiez pas d'autre ? Je voudrais bien connaître la couleur du pain que vous mangez ; certes, ce n'est pas du pain blanc.

Là-dessus le journaliste prit une clé, siffla le comédien et retourna dans la salle à manger en disant à ses partenaires :

— Je dois vous expliquer ma sortie ; je suis bon prince ; il y a par là un chien de basse-cour à qui je croyais faire plaisir en lui offrant cette cuisse de faisan, mais il ne la trouve pas assez faisandée.

Disant ces mots, il regarda la comédienne, qui éclata de rire pour toute explication.

On pourrait croire que la dame se décida à briser avec son amant de cœur, mais elle l'aimait, à l'inverse de beaucoup de comédiennes qui prennent les comiques par simple distraction. Naturellement, le soir de l'intervention inopportune du journaliste, elle ne retrouva pas le bonhomme dans son cabinet de toilette.

A minuit, elle sautait en voiture pour aller frapper à sa porte; mais il courait d'autres aventures, pour se consoler d'avoir été sifflé.

Maria rentra désespérée. Pourrait-elle vivre désormais sans ce comédien à qui elle contait toutes ses actions ? C'est là le défaut des femmes qui se replient sur elles-mêmes : il leur faut tous les jours un confident comme dans la tragédie, un confident qui rit de leur rire et qui boit leurs larmes.

Le lendemain, elle obtint sa grâce, mais à quel prix ? D'abord on lui fit des bleus par tout le corps ; ensuite, on la condamna à signer une traite de deux mille francs pour apaiser les créanciers du cabotin, lequel n'avait pas du tout de créanciers, puisqu'il avait toujours vécu des générosités de ces dames.

Et, pour couronner l'œuvre de réconciliation, il fallut que cette autre Marion Delorme fît une partie de campagne avec son Didier ; car cet animal immonde aimait la nature, le ciel bleu, le sentier vert.

Il aimait surtout une pleine eau à Bougival, là où la Seine garde une senteur des femmes à l'oriza-lys.

On partit dès l'aurore, cette pauvre aurore toute virginale qui fut obligée ce jour-là de répandre des roses sur cet amour impur.

On déjeuna à la Grenouillère. Menu : des radis roses, des goujons dorés, une savoureuse omelette au cochon et du petit vin blanc comme s'il en pleuvait.

— C'est gai, dit le cabotin.

— Je crois bien, dit la comédienne, je suis déjà grise, mais ce sont tes yeux qui me grisent, regarde-moi.

Il la regarda sans rire.

Ah ! s'ils avaient pu lire tous les deux dans leurs yeux, le mauvais livre de leur cœur. Mais ils n'y voyaient que les amorces d'une volupté furieuse.

— N'est-ce pas, Maria, que c'est beau l'amour en pleine campagne, sous l'azur, sur ces rives enchantées.

— Comme je te comprends ! N'entends-tu pas les rossignols qui chantent !

Tout à l'heure, j'irai te cueillir des pervénches, mais tu en as deux dans les yeux.

Sur quoi le cabotin baisa les yeux de la cabotine.

— Comme c'est doux, Maria ! Je voudrais mourir, tant je suis heureux !

— Il n'y a pas de quoi mourir.

Elle croyait qu'il allait continuer la série des baisers, mais il la fit retomber de son haut en lui disant :

— Encore une bouteille, n'est-ce pas ?

Après la bouteille, qu'il but tout seul, il fut tout à fait gris, et par conséquent plus du tout amoureux. Et alors il dit à la comédienne, croyant que c'était une autre :

— Tes cheveux sont mal teints.

Elle s'indigna.

— Mes cheveux sont mal teints ! tu t'imagines que je me teins les cheveux ?

— Ne fais donc pas ta tête.

Sur ce mot, dispute à perte de vue, bataille à tout casser. La maîtresse de l'établissement leur cria : « Au moins, fermez la fenêtre. Vous allez empêcher les rossignols de chanter... »

Le cabotin trouva que c'était une belle parole; il trouva qu'il avait bien assez roué de coups la comédienne, il lui proposa de faire poétiquement une promenade en bateau. La pauvre se laissa aller à ce beau mouvement.

Plus les hommes sont gris, plus ils se tiennent droit, sauf à ne pas pouvoir marcher. Maria espéra que le grand air dégriserait son amant. Elle le conduisit vaille que vaille à la barque du cabaret.

— Te figures-tu que je suis soûl ?

Et prenant les deux rames quand la barque fut au large, il essaya de ramer, mais tout tourna autour de lui. Il se leva ; une des rames lui échappa ; il se pencha pour la saisir et tomba dans la Seine.

Maria poussa un cri, mais elle nageait trop mal pour se jeter à l'eau.

La barque l'entraîna rapidement avant que son cri n'appelât du monde.

Quand on vint pour repêcher le cabotin, il était trop tard, on ne le retrouva pas.

Digne fin d'un tel personnage.

On lut le lendemain dans les journaux :

« Un ancien comique de Montmartre ou des
« Variétés a fini tragiquement en buvant une
« pleine eau dans la Seine, lui qui n'était pas
« habitué à cette boisson-là. »

Ce ne fut pas toute l'oraison funèbre.

Maria pleura de vraies larmes, en s'écriant :

— Je n'en trouverai jamais un pareil pour me battre !

Ce que c'est que les talents.

Tout à coup, au milieu de ses larmes — les larmes rouvrent les sources pures du cœur — Maria pensa qu'après tout ce cabotin ne méritait pas d'être pleuré. Ses souvenirs de jeunesse lui revinrent comme de fraîches bouffées de printemps. Elle jura de porter le deuil en rose, c'est-à-dire d'oublier son amant.

Pour mieux se réconforter dans ses idées, elle partit le soir même pour Pierrefonds, qui était son pays natal. Dès qu'elle vit le clocher s'élancer au-dessus des grands arbres, elle se sentit meilleure. Quoique la nuit fût venue, elle alla jusqu'à la porte du cimetière pour saluer la tombe de sa mère.

La maîtresse d'hôtel, qui était venue plus d'une fois la voir à Paris, lui dit en l'embrassant :

— Vous à Pierrefonds, quand ce n'est plus la saison des eaux ?

— Ah ! ma chère amie, c'est toujours la saison de prendre un bain d'air vif au pays natal !

UN AMOUR D'OUTRE-TOMBE

I

Non loin de Nancy, Adolphe Rennberg voyait déjà poindre le clocher du beau village de Hartz où l'attendaient sa mère et ses sœurs. Il rencontra au détour du chemin, Marguerite, une jolie fermière qu'il avait aimée quand il était encore écolier chez maître Stéphane.

Elle n'était plus gaie comme autrefois, quand ils cueillaient ensemble des groseilles dans le jardin du pasteur. En reconnaissant Adolphe, elle s'éloigna en toute hâte et disparut comme une vision. Sans trop se préoccuper de cette rencontre, il alla à la maison natale retrouver le seuil embaumé de sa jeunesse.

Adolphe Rennberg venait d'étudier tour à tour la philosophie et la médecine. C'était un rêveur, un halluciné, un enthousiaste, se laissant aller au cours de la vie comme une feuille au cours du ruisseau, aimant sa famille pardessus tout, mais n'aimant guère moins son chien et sa pipe, le sentier désert et le bocage odorant ; ce qui ne l'empêchait pas de s'acclimater dans la taverne ; il trouvait un charme singulier dans le tableau joyeux des buveurs ; peintre, il fût devenu un des plus gais écoliers de Brauwer ; poète, il eût imité Hoffmann. Malgré ses penchants pour la taverne, il cultivait dans son âme les fleurs bleues des pures amours ; jamais poète du nord n'éveilla de plus souriantes rêveries. Il avait plus que tout autre l'instinct des contrastes ; c'était souvent au fond de la taverne, au tintement des verres, dans la fumée du tabac, que lui apparaissaient les plus belles images de l'amour.

Il redevint éperdument épris de Marguerite. Elle avait vingt ans depuis l'automne ; elle vivait avec son père dans la poésie des solitudes ;

on la voyait à peine au village une fois par semaine. La chronique des lavandières racontait sur elle bien des histoires incroyables. On disait qu'un chasseur inconnu avait tenté de l'enlever par une belle nuit de mai ; on disait même que, de son côté, elle n'avait guère résisté ; mais son père veillait sur elle avec la plus austère sollicitude. C'était un homme de caractère antique, un autre Virginius, qui eût tué sa fille pour l'arracher au déshonneur. Il la voulait marier à un neveu d'Anvers et nul n'aurait pu le détourner de ce dessein.

Cependant Adolphe aimait Marguerite de toutes les espérances des vingt ans et avec toute l'ardeur d'une âme poétique. Il était dans la belle saison de l'amour ; l'heure solennelle était venue. Il continua le roman commencé naguère quelques œillades surprises dans le chemin de la ferme et dans l'église de Hartz l'avertirent que la belle Marguerite était touchée de son culte et de sa promenade. Un plus savant que lui sur ces choses-là eût peut-être découvert que ce regard de la jeune fille voulait dire ceci ou à peu près : « Si je n'en aimais un autre, je vous aimerais. » La femme a toujours un second amant dans le chemin du cœur.

Marguerite tomba malade, on ne sut ni pourquoi, ni comment. Son père venait de partir pour la Flandre. Le médecin du fermier restait à deux lieues de la ferme. Adolphe espéra qu'on n'irait pas si loin, mais le jour même il vit passer à Hartz le vieux médecin de Wosel. Il voulut le suivre à la ferme; la vanité l'arrêta en chemin. « Ils m'appelleront, » dit-il en retournant. Le lendemain l'inquiétude l'entraîna encore vers la ferme; au moment où il se décidait à entrer, il vit sortir le vieux docteur qui, sur sa demande, lui apprit la mort de Marguerite. — Elle est morte ! s'écria Adolphe. — Oui, dit le docteur en éperonnant son cheval, la science n'y pouvait rien. — Je l'aurais sauvée! murmura l'amoureux dans son désespoir. — Sauvée de la vie, dit sèchement le docteur.

Adolphe s'en retourna chez sa mère tout éploré. Il passa le reste du jour au coin du feu, accablé sous sa douleur, ne voyant pas, ne disant rien, presque mort comme Marguerite. La nuit, il dormit à peine; à son réveil, le désir lui vint de voir de ses yeux et de toucher de ses mains le corps de cette femme aimée, avant de l'abandonner aux fossoyeurs; un doute, un pressentiment, une espérance l'avaient vaguement poursuivi depuis la veille. Mais, quand il arriva à la ferme, on lui dit que la morte était ensevelie et cachée à jamais. Quatre jeunes filles, vêtues de blanc, priaient agenouillées. Adolphe s'inclina religieusement devant le cercueil et reprit le chemin de Hartz. Sans savoir pourquoi, il entra en passant à l'église et reposa son front sur la pierre d'un pilier. Longtemps il demeura seul, écoutant les battements de son cœur dans la funèbre sonnerie des cloches, laissant tomber dans la nef un morne regard sur la draperie larmée qui allait couvrir le cercueil de Marguerite, cette dernière parure de celles qui s'en vont.

Un bruit de pas retentit sous les voûtes silencieuses ; il tourna la tête et vit un jeune homme en costume de chasse, qui descendait alors l'escalier du portail. Il fut frappé de sa figure sombre, de sa pâleur mortelle et de son air inquiet. Il le suivit des yeux avec une curiosité passionnée. Le chasseur, qui avait déposé son fusil et sa gibecière sous le portail, à la garde de son chien, s'avança vers le chœur, le front incliné, en proie à quelque rêve profond. Après avoir dépassé le bénitier, il revint subitement sur ses pas, trempa le bout des doigts dans l'eau bénite et fit le signe de la croix.

Adolphe vit bien que le chasseur n'était pas accoutumé à cette œuvre de dévotion ; une pensée de deuil, une souvenance, une crainte, l'avaient seules rappelé à ce devoir sans doute oublié depuis longtemps. Le chasseur passa en s'inclinant devant la draperie des morts et traversa l'église, de plus en plus perdu dans sa pensée ; il s'arrêta enfin dans une chapelle et s'agenouilla devant une vierge sculptée, couronnée de roses blanches.

Adolphe ne cessa de le regarder qu'au moment où le convoi descendit dans l'église. Dès qu'il vit les jeunes filles s'avancer avec le cercueil, il ne pensa plus qu'à son fatal amour, qui ne pouvait mourir avec Marguerite.

Bientôt les chants des psaumes le chassèrent de l'église ; il s'enfuit dans la campagne pour apaiser les battements de son cœur. Il gravit le versant de la colline et se reposa sur une roche moussue, à l'ombre d'un mûrier sauvage, où souvent il s'était arrêté pour regarder dans la cour et dans le jardin de la ferme. Cette fois, hélas ! ce fut pour voir le cimetière. Les fossoyeurs, assis sur l'herbe, attendaient, en devisant, la fin de la messe. Un homme vint à eux et leur dit quelques paroles après avoir contemplé la profondeur de la fosse. Adolphe crut reconnaître le chasseur qui l'avait troublé dans l'église. Ce jeune homme disparut quand le convoi s'avança.

L'étudiant souffrit plus que jamais à la vue de ce tableau des vivants dans les champs des morts. Peu à peu le convoi se dispersa, après avoir prié et pleuré sur la fosse ; le cimetière redevint désert et silencieux. Le ciel était serein, légèrement voilé ; le vent ne jetait guère qu'un sourd gémissement au travers des arbres. Ce calme et cette mélancolie de la nature apaisèrent le cœur d'Adolphe ; il fit aussi sa prière pour le repos de l'âme de Marguerite, et Dieu sans doute eut pitié de lui, car après avoir prié il pleura.

II

A la nuit tombante, Adolphe rentra dans le village et voulut s'arrêter devant la maison de sa mère, qui était une pauvre femme vivant dans l'amour de Dieu et de ses enfants. Mais, en passant devant la porte, il lui vint une fumée odorante du souper qui le chassa plus loin. Au détour de la rue, il revit le chasseur qui franchit lentement le seuil de la brasserie.

Poussé par la curiosité, Adolphe le suivit. La taverne regorgeait d'ivrognes ; c'étaient les sonneurs, le maître d'école, les fossoyeurs, le sacristain, tous les serviteurs de l'église paroissiale de Hartz, qui se consolaient de la mort de Marguerite. En entrant, Adolphe ne vit d'abord qu'un nuage de fumée ; peu à peu il distingua une vingtaine de figures épanouies, respirant les parfums de la bière, du vin et du tabac. Dans un coin de la salle étaient le chasseur et son chien ; le chasseur renversé contre le mur, et son chien nonchalamment étendu à ses pieds. Adolphe chercha du regard quelque table déserte. N'en trouvant pas une seule, il alla s'asseoir à celle du chasseur. Ce fut un singulier contraste que ces deux nobles têtes, pâles et tristes, à côté des plus joyeux buveurs du village. En se retournant pour demander une chope de bière, Adolphe marcha sur la queue du chien qui, déjà jaloux de voir un étranger à la table de son maître, releva ses lèvres et montra deux magnifiques rangées de dents.

Le chasseur l'apaisa d'un seul mot ; l'étudiant lui tendit une main caressante, et la bête mutine se recoucha en grognant. Grâce à cette aventure, les deux jeunes gens commencèrent à se parler; l'un offrit de sa bière, l'autre de son tabac, et, en moins de rien, l'étudiant, le chasseur et le chien étaient trois amis. L'heure du souper fit partir peu à peu tous les buveurs, et nos trois amis demeurèrent seuls dans la salle avec la cabaretière, qui se délassait en filant à la quenouille.

— Monsieur le docteur, dit après un silence le chasseur à Adolphe, le bruit court que

Mlle Marguerite a succombé à un spasme ; ne l'avez-vous pas vue mourir ?

— Je ne l'ai pas vue mourir.

— Il me semble, dit le chasseur en pâlissant, que Mlle Marguerite a été enterrée bien vite.

— Oh ! oui, s'écria avec empressement la cabaretière, on n'attend jamais assez longtemps. Je me ressouviens toujours de cette dame de Nancy, morte subitement un jeudi soir et enterrée le lendemain avant midi ; ce qui ne l'a pas empêchée d'en revenir, grâce à un fossoyeur qui a été la nuit suivante la déterrer pour lui dérober un diamant qu'elle avait au doigt. Elle existe encore à cette heure ; voyez plutôt l'almanach de l'an passé.

Le chasseur sourit d'un air de doute et se versa à boire.

— Malgré l'almanach, cette histoire est vraie, dit Adolphe, et j'en sais de plus singulières. Ces vieux contes de revenants et de vampires n'ont-ils pas pris leur source dans les funestes méprises qui ont enterré des vivants ? On ferait là-dessus un beau roman.

— A propos de roman, dit le chasseur, je me souviens que le baron de Waldstein est mort victime d'une de ces funestes méprises.

— Bien d'autres personnes célèbres en furent victimes, un empereur d'Orient, un consul romain. Vous n'avez qu'à feuilleter les écrits dignes de foi de Lancisi, de Bruhier, de Winslow, vous trouverez de terribles exemples ; l'histoire elle-même en a recueilli un grand nombre. Il n'y a pas un mois qu'un numéro du *Journal des Savants* m'étant, par aventure, tombé dans les mains, j'y lus ce que je vais vous raconter.

La cabaretière déposa sa quenouille et prit un petit chat dans ses mains en écoutant. Le chasseur versa à boire d'un air distrait. Adolphe reprit ainsi la parole : « Une jeune dame, mariée à un colonel anglais qui l'aimait bien, succomba à une syncope causée par je ne sais quel mal caché. Le colonel, ne voulant point la croire morte, la laissa dans son lit comme une dormeuse, la face découverte, bien au delà du temps prescrit par la coutume du pays. Vainement on lui représenta qu'il la fallait enterrer : il repoussa les officieux, et déclara qu'il briserait la tête à tous ceux qui essayeraient de lui enlever le corps de sa femme. »

La reine d'Angleterre, ayant appris sa douleur profonde et sa singulière obstination, envoya devers lui un homme de sa suite pour lui faire des compliments et surtout des remontrances sur son refus d'accorder à sa femme la paix de la sépulture.

Le colonel répondit qu'il était sensible aux

condoléances de la reine, mais qu'il la priait de lui laisser le corps de sa femme. Huit jours s'étaient passés : Milady ne donnait aucun signe de vie ; le colonel, désespéré, lui pressait les mains et les baignait de ses larmes, quand, au son des cloches d'une église voisine, elle se réveilla comme au sortir d'un songe, se souleva sur l'oreiller et s'écria : « Voilà le dernier coup de la prière, il est temps de partir. »

La cabaretière reprit sa quenouille.

— Au moins, dit-elle, celle-là n'a pas souffert au fond d'un cercueil, comme la pauvre dame de Munich.

— Je me sens frémir à la seule idée du réveil dans un cercueil, dit le chasseur ; c'est un supplice digne des temps barbares. Renaître dans une pareille prison, sous la terre, enveloppé d'un linceul, criant et se débattant en vain : renaître pour mourir de la mort la plus épouvantable...

Le chasseur se leva comme pour repousser cette idée qui le glaçait.

— Jean Scott, reprit Adolphe, fut trouvé dans son tombeau les mains rongées et la tête brisée. N'avez-vous pas appris...

A cet instant le petit chat du cabaret, qui s'était approché en sournois, par jalousie ou par curiosité, du chien de chasse, grinça les dents et souffla vers lui sa colère. Le chien, irrité, le poursuivit jusque sous une vieille étagère, où il ne put passer que la patte et le museau. Le petit chat, qui était lâche et méchant, comme beaucoup de ses pareils, se vengea tout à son aise. Chaque fois que le chien, de plus en plus irrité, avançait la dent pour mordre, il recevait trois ou quatre coups de griffe du chat inhospitalier. Le pauvre chien aboyait, jappait, se lamentait, mais ne pouvait se résoudre à lâcher prise. A la fin, son maître, lui voyant au nez quelques taches de sang, eut pitié de son infortune: il alla vers lui pour arrêter le combat. Adolphe, entendant alors sonner dix heures, pensa que sa mère devait l'attendre avec inquiétude; il dit adieu au chasseur et sortit du cabaret. Le chasseur le suivit presque au même instant. A quelques pas du cabaret, Adolphe, ayant tourné la tête, vit qu'il prenait le chemin du grand bois de Nebelstein. Il retourna jusqu'à la porte du cabaret : la cabaretière allait fermer les contrevents ; il lui demanda d'où venait et quel était ce chasseur. La cabaretière lui répondit que, depuis un an à peu près, il venait quelquefois boire une chope de bière ; il était presque toujours silencieux ; il lui avait une seule fois parlé de Marguerite : Voilà tout ce qu'elle savait.

Adolphe rentra au logis. Sa jeune sœur l'attendait au coin du feu ; il appuya son front contre la cheminée, et demeura silencieusement en contemplation devant les flammes mourantes qui ranimèrent ses douloureuses rêveries. Sa sœur lui offrit son front à baiser, lui dit bonsoir en sommeillant et disparut dans l'escalier de sa chambre. Adolphe demeura devant le feu jusqu'au moment où la douzième heure sonna à une grande horloge accrochée entre le lit de sa mère et une armoire du temps passé. Cette sonnerie réveilla en lui des souvenirs funèbres : au lieu d'aller se coucher, il ressortit, en proie à la plus violente agitation, et, comme par entraînement, il s'enfuit vers le cimetière. Tout dormait au village, l'église seule frissonnait encore aux douze coups de sa cloche ; la lune avançait son front d'argent sur un drapeau flottant, suspendu au haut du clocher; quelques nuages perdus fuyaient à l'aventure. Adolphe regardait toutes ces choses d'un œil distrait et effaré. Les nuages se transformant sans cesse, le drapeau que le vent agitait par intervalles, le front pâle et mélancolique de la lune, éveillaient tous les fantômes de son imagination. Quand il fut devant le mur du cimetière, il vit avec surprise la porte entr'ouverte. A cet instant, un des nuages couvrit la lune, et vainement il regarda dans le cimetière : la nuit était partout, il ne vit que la nuit. Le nuage s'éclaircit ; une demi-teinte traversa l'ombre ; il distingua des formes confuses : le grand Christ, veillant au-dessus des morts, les débris d'une chapelle, quelques tombes éparses. Il chercha des yeux la fosse où dormait Marguerite : son cœur se glaça bientôt à la vue d'une ombre s'agitant au-dessus comme un démoniaque. Il se sentit jaloux et son premier élan fut de courir vers cette ombre ; mais, au même instant, il la vit disparaître comme si la terre se fût ouverte sous lui.

Il baisa la fosse, et s'écria : Marguerite, Marguerite, vous que j'ai aimée quand vous viviez, vous que j'aime plus encore depuis que vous êtes morte, Marguerite, apparaissez-moi et dites-moi que vous m'attendez au ciel.

Adolphe ne vit pas apparaître Marguerite. Une curiosité criminelle le prit au cœur ; il retourna chez sa mère, saisit une bêche et s'en revint au cimetière. La nuit était sombre, nul ne le verrait à l'œuvre qu'il méditait. A peine de retour devant la fosse, il se mit à bêcher comme un vrai fossoyeur. Six pieds de terre à rejeter ! il lui fallut à ce travail près d'une demi-heure et après comment arracher le couvercle du cercueil ? Ce ne fut pas sans y briser sa bêche, mais enfin ce couvercle fut arraché...

Adolphe était hors de lui ; il se croyait le

jouet d'un songe horrible. Ce fut bien pis quand il s'aperçut qu'il n'y avait rien dans la bière : je me trompe, il y avait un linceul enveloppant une sainte en bois sculpté.

A ce spectacle Adolphe tomba évanoui ; des passants attardés accourus au bruit de la bêche sur le cercueil le rappelèrent à lui et le ramenèrent fou chez sa mère.

Le lendemain le bruit se répandit que dans une heure de délire, il avait violé la sépulture de Marguerite.

Après une crise terrible, qui le mit lui-même aux portes de la mort, il reprit peu à peu sa raison, sans bien se souvenir de ce qui s'était passé. Avait-il vu dans le cercueil ouvert Marguerite elle-même ou une sainte gothique? il ne le savait plus. On avait pieusement refermé le cercueil, six pieds de terre le couvraient encore. C'était tout.

III

Quelques jours se passèrent. Peu à peu il oublia sa folie et sa douleur dans les consolations de sa mère ; l'image de Marguerite s'effaça souvent de sa pensée, bientôt son amour ne fut plus qu'un mélancolique souvenir.

Il reprit ses livres de médecine et poursuivit ses études trop souvent abandonnées. Il n'avait nulle autre distraction que la promenade au bord d'une petite rivière, sur la montagne, dans les bois environnant la ferme. La vue de cette ferme, singulièrement attristée par quelques pans de mur servant de limite aux vergers, avait pour lui un charme douloureux : il demeurait de longues heures en contemplation devant le corps de logis, dont le toit bleu s'élevait au-dessus des ormes de l'avenue ; il écoutait en rêvant le caquettement des poules, le bavardage des canards, le glouglou des coqs d'Inde, toutes les prosaïques rumeurs de la ruche en travail. Perdu dans ses rêves, il oubliait que Marguerite n'était plus là ; et quand, par aventure, son œil errant découvrait quelque jeune servante au travers du feuillage ombrageant la petite république, son cœur s'éveillait avec violence, en dépit de la jupe grossière et du béguin grossier de la jeune servante. Dans ses promenades, il emportait toujours un livre de médecine qui n'était jamais ouvert, mais qui lui donnait un air studieux aux yeux des gens qu'il rencontrait : c'était beaucoup dans un pays où la paresse n'est permise qu'aux ivrognes.

Un soir, Adolphe, armé de son livre et de sa pipe, s'en fut au bois de l'Étang : le temps était calme, le ciel était serein, et jamais le bois n'avait répandu tant d'harmonies et tant de parfums; le rossignol jetait aux échos sa note perlée ; le vent secouait indolemment les fleurs des tilleuls et des marronniers ; toute la nature s'endormait dans l'amour. Adolphe suivait lentement un sentier vert coupé çà et là par une eau dormante parsemée de touffes de jonc et d'oseraies ; c'était la première fois qu'il suivait cette route ; il lui fallait l'agilité d'un cerf pour franchir les mares d'eau sans s'y baigner les pieds ; à chaque instant le sentier devenait plus humide ; mais, loin de se rebuter, Adolphe poursuivait toujours sa promenade, entraîné par l'amour du mystère. Il voyait de temps en temps sur l'herbe l'empreinte du pied de quelque passant ; cette seule vue lui donnait du courage : il allait, il allait en songeant que le chemin de la vie était comme ce sentier, dont les abords si charmants s'étaient assombris peu à peu. La nuit venait, les bruits du soir s'apaisaient, et Adolphe, n'entendant plus que le frissonnement des feuilles, regrettait presque de s'être aventuré si loin, quand, après avoir dépassé une grande touffe de noisetiers, il vit tout à coup la campagne par une échappée de bois. Il fut à la lisière en moins d'une minute. Les derniers feux du jour tombaient sur un petit village éparpillé sous ses yeux, et sur un vieux château dont l'architecture saxonne avait perdu son beau caractère sous des embellissements frivoles.

Adolphe n'avait jamais vu ce château : il s'approcha d'un paysan qui ébranchait un pommier et lui demanda si c'était le Niedersteinschlosz, dont on lui avait souvent parlé. Le paysan inclina la tête, et se mit à ramasser les branches qu'il venait de couper. Adolphe se retourna vers le château, en proie à des souvenirs confus ; dans tous les pays, il y a un lieu destiné à servir de scène aux contes de fées ou de revenants. Mille fables, plus merveilleuses les unes que les autres, avaient pris leur source au Niedersteinschlosz et avaient enflammé l'imagination d'Adolphe dans son enfance. Involontairement il s'approcha du parc qui se perdait dans le bois ; il découvrit un petit pavillon à demi caché dans la verdure ; c'était l'œuvre de quelque artiste ignoré du dernier siècle ; jamais Adolphe n'avait rien vu d'aussi coquet et d'aussi capricieux ; la nature avait achevé l'œuvre en lui formant une ceinture variée de jasmins, de chèvrefeuilles et de clématites ; la brise la plus légère en détachait une pluie d'étoiles et de clochettes qui blanchissaient le parterre pendant la saison fleurie.

Adolphe grimpa sur un arbre à demi renversé contre la muraille du parc, pour mieux voir le pavillon : à peine arrivait-il à la dernière branche, qu'une tête aimée, la tête de Marguerite, lui apparut à l'une des fenêtres ; mollement penchée en dehors du pavillon, elle semblait regarder le couchant rougi ; dans son égarement, Adolphe ne put arrêter un cri de surprise. Celle qui était à la fenêtre du pavillon se troubla, disparut soudainement et ferma la croisée. Adolphe demeura perché sur la branche, abîmé sous les idées les plus étranges. Était-ce une vision? Mais cette croisée qui venait de se refermer. Était-ce un rêve? Mais ce paysan qui ramassait encore son bois. Était-ce Marguerite ? Mais la maladie, la mort, le cimetière ?

Adolphe cherchait dans un dédale.

— Qui donc habite ce château ? demanda-t-il d'une voix troublée.

Le paysan le regarda en silence.

— Vous êtes donc sourd ? reprit-il avec impatience.

— J'ai deux bonnes oreilles, murmura le bûcheron.

— Si vous m'entendez, répondez-moi donc !

— Je ne sais jamais rien.

A cet instant, un enfant en jaquette, à peine âgé de six ans, arriva dans le champ de pommiers.

— D'où viens-tu, marmot ? lui cria le paysan, qui était son père.

— Je viens du château.

Et l'enfant fit siffler une pierre vers l'avenue.

— Maman vous attend pour souper, reprit-il en bondissant sur l'herbe.

Le paysan se prit à fredonner une vieille chanson et s'en alla aussitôt en regardant Adolphe du coin de l'œil. Puis, atteignant l'enfant, il le jeta sur ses épaules. Adolphe avait eu la tentation de saisir une des branches qui couvraient le champ et de la briser sur le dos du paysan ; mais la mine sauvage et moqueuse de cet homme avait distrait son bras. Il le perdit bientôt de vue ; durant quelques minutes encore, il entendit sa chanson, qui coupait le morne silence de la vallée.

Adolphe demeura plus d'une heure sous les pommiers, regardant sans cesse le pavillon, écoutant de toutes ses oreilles ; mais nul bruit ne se fit entendre, nulle lumière n'apparut en ce lieu désert du parc.

Il s'en revint, ne rêvant que chimères et fantômes, caressant avec plus d'amour que jamais l'image de Marguerite, qui se ranimait en lui. La nuit était profonde, il s'égara souvent ; il traversa un pré marécageux où il s'était imprudemment aventuré ; enfin, il arriva à Hartz dans l'état piteux d'un homme qui a failli se noyer. En passant devant le cabaret, il s'arrêta à la vue de plusieurs ombres qui se dessinaient sur le rideau rouge de la salle ; il pensa qu'il valait mieux se sécher là que chez sa mère, qui devait être couchée. Il entra donc au cabaret.

Il n'avait pas refermé la porte qu'un chien vint lui sauter sur les bras en aboyant avec joie ; et, comme il le repoussait d'une main caressante, il vit le jeune chasseur décrochant sa gibecière d'une des noires solives du plancher : il alla à lui la main tendue et le cœur ouvert ; le jeune chasseur lui pressa la main et déposa sa gibecière en se rasseyant.

— Ah ! je vous retrouve donc enfin ! dit-il d'une voix animée. Dans quel pitoyable état vous êtes, mon jeune ami !

— J'ai traversé les bois et les marais ; j'espérais voir ici un feu d'auberge, mais voilà tout au plus un feu d'étudiant ou de couturière.

Le jeune chasseur se leva en souriant, sortit par la porte de la cour et rentra au même instant avec un grand fagot de branches dans les bras ; sans prendre la peine de le dénouer, il le déposa dans l'âtre, et répandit une douzaine d'allumettes sur les restes du feu. Avant le retour de la cabaretière, qui était allée à la cave, une flamme ardente s'élançait jusqu'au manteau de la cheminée. Tout en séchant ses pieds, Adolphe, presque sourd aux paroles bienveillantes du chasseur, aux reproches de la cabaretière, qui craignait un incendie, ne songeait qu'à l'étrange vision du parc ; il revoyait cette ombre étrange penchée sur la fosse de Marguerite le soir de l'enterrement. Et puis il pensait aux alentours mystérieux de Niedersteinschlosz, à la mine singulière du paysan qui ébranchait les pommiers. Et ses songes et ses pensées l'entraînaient plus avant dans le dédale.

Le chasseur, las de lui parler en vain, le rappela à la raison en lui frappant sur l'épaule.

— Dormez-vous, mon jeune ami, ou plutôt êtes-vous mort ?

— Par Dieu ! vous êtes lugubre comme un revenant que j'ai vu ce soir.

La cabaretière sourit d'un air moqueur ; mais Adolphe avait dit ces mots d'une voix si funèbre, qu'elle se rapprocha du feu en frissonnant. Le chasseur prit les pattes de son chien et se mit à valser avec insouciance. Un revenant ? s'écriat-il en valsant toujours. Vous a-t-il parlé de l'autre monde ? Adolphe ne répondit point et retomba dans ses rêves. Dites-nous au moins, reprit le chasseur, si c'était un beau revenant.

— Oui, répondit nonchalamment Adolphe : C'était Marguerite.

La tavernière poussa un cri, et le chasseur, qui ne valsait plus, regarda l'étudiant avec inquiétude.

— Et c'est au cimetière que vous l'avez eue, cette vision ? lui dit-il en pâlissant.

— Non, c'est au vieux Niedersteinschlosz, à la fenêtre d'un pavillon perdu dans le parc.

Le chasseur éclata de rire.

— L'aventure est charmante, dit-il en retroussant ses moustaches. Vous avez un prisme dans les regards, mon jeune ami, car vous avez vu tout simplement une filleule de ma mère, une pauvre orpheline qu'elle a recueillie l'an passé. Adolphe regarda le chasseur d'un air de doute.

— Si vous l'avez vue dans le pavillon qui me sert de logis depuis les beaux jours, c'est qu'elle attachait des rideaux à la fenêtre.

Adolphe semblait entendre une langue étrangère.

— Je me suis toujours doutée, dit la cabaretière avec empressement, que vous étiez le fils de M. le baron de Niederstein ; je connais votre mère, je l'ai servie autrefois, et je sais votre nom de baptême, Édouard n'est-ce pas ?

— Édouard de Niederstein, reprit le chasseur.

Et, s'adressant à Adolphe :

— Quand vous retournerez au château, ne m'oubliez pas ; je vous ferai voir en chair et en os, votre revenant de ce soir.

Adolphe inclina silencieusement la tête.

— En voyant cette fille, qui ressemble si prodigieusement à Marguerite, reprit le chasseur, je ne puis m'empêcher de penser à la métempsycose; dans mes songes insensés, je me demande si, trompée par la ressemblance, l'âme de la pauvre Marguerite ne s'est point envolée au corps de cette fille qui était un corps sans âme.

Le chasseur s'approcha de la fenêtre et détourna le rideau.

— Le ciel est noir, la lune va se coucher. Adieu ! Un bois à traverser : adieu, adieu ! Il tendit la main à Adolphe et siffla son chien.

Il endossa sa gibecière, paya son écot, et partit en laissant Adolphe à ses songes.

— Allons ! allons ! dit tout à coup l'étudiant c'est trop rêver !

Il passa la main sur son front pour chasser les idées noires, et se mit à rire avec la cabaretière pour oublier sa vision.

Le surlendemain, il reprit sa promenade vers le bois de l'Étang. On touchait à l'automne ; les derniers feux du soleil rougissaient le fruit des sorbiers et brunissaient les mûres sauvages. Adolphe entendait çà et là le cri du coucou, la clochette des troupeaux dispersés au bord du bois, la voix claire et gaie des chercheurs de noisettes.

Il avança lentement, à demi perdu dans la

rêverie, cueillant des cornouilles, égrenant le sorbier, effeuillant les branches tombantes. Et, tout en avançant ainsi, il arriva, sans y penser le moins du monde, devant la muraille ébréchée du parc de Niedersteinschlosz. Dès qu'il entrevit, à travers le feuillage flottant, la flèche du pavillon, son cœur s'agita violemment au souvenir de Marguerite. D'abord, il voulut aller au château voir le chasseur, son ami ; mais bientôt, tout en réfléchissant, il franchit sans trop de peine le vieux mur du parc, et marcha en silence vers le pavillon, par les bosquets touffus, se détournant à chaque pas pour aller dans l'ombre. Il s'arrêta sous une charmille, tout en face d'une fenêtre, et regarda avec anxiété durant quelques minutes ; le pavillon lui semblait désert ; cependant, comme il allait sortir de là, il vit ou s'imagina voir passer une ombre sur les vitres. La nuit s'élevait, déjà la brume voilait les dernières lueurs du couchant, le bois devenait plus sombre.

Adolphe demeurait sous la charmille, ne sachant que faire et ne sachant que penser. Tout à coup l'image de Marguerite reparut à la fenêtre, demi-rêveuse et demi-souriante, comme l'amante qui poursuit un souvenir d'amour. Elle leva les yeux au ciel et chercha les premières étoiles. Et bientôt ses regards se perdirent dans le sombre horizon du bois de l'Étang, vers Hartz ; alors une triste pensée chassa son demi-sourire ; elle baissa la tête et soupira. A cette vision, Adolphe agita toute la charmille avec ses bras ; il ne doutait plus que ce ne fût Marguerite. Il ouvrit la bouche pour l'appeler, mais il étouffa sa voix dans la crainte de chasser la ressuscitée de la fenêtre. Les jappements d'un chien coupèrent le silence, ou plutôt les rumeurs alanguies du soir. La vision disparut pendant qu'Adolphe tournait la tête vers le donjon. Il sortit de la charmille et s'en alla à la porte du pavillon.

La porte était ouverte, il s'élança dans l'escalier, pâle, chancelant, éperdu.

— Marguerite ! murmura-t-il d'une voix mourante.

Il étendit les bras dans l'ombre, Marguerite n'y vint pas. Il regarda partout, il écouta sans cesse ; il ne vit rien, il n'entendit rien. En vain il passa une demi-heure à chercher la trépassée, il s'égara de plus en plus dans les profondeurs de ce mystère funèbre. Enfin il redescendit dans le parc, franchit quelques palissades et s'aventura du côté du château. Une grande salle du rez-de-chaussée était éclairée par une petite lampe de cuivre et par les flammes ardentes de l'âtre. Deux femmes se trouvaient aux deux coins de la cheminée, la maîtresse du logis et la gouvernante. La maîtresse du logis lisait avec distraction, tout en tisonnant le feu ; la gouvernante, bésicles sur le nez, nouait du lin à son fuseau et sautillait du pied sur un rouet vénérable comme elle. Avec son bonnet rond, son chignon formidable, sa brassière rouge, elle avait l'air de quelque fée Carabosse oubliée là depuis la chute des fées. Adolphe, s'élevant sur la pointe des pieds, admirait toutes les singularités de cette vieille, quand son ami le chasseur parut dans le fond de la salle avec trois ou quatre chiens bondissant autour de lui. Mme de Niederstein appela une jeune servante pour servir le souper et embrassa tendrement son fils, tout en se plaignant du laisser-aller des chiens. Le chasseur fit la sourde oreille à ces plaintes ; il se coucha sur une vieille tapisserie, au beau milieu de la salle, et joua indolemment avec ses bêtes affolées. La jeune servante vint servir un lièvre rôti, une perdrix aux choux, une bouteille ensablée et des raisins jaunissants. A la vue de toutes ces choses, Adolphe, qui avait faim, malgré le trouble de son cœur, se détacha de la fenêtre en pensant que le château de Niederstein n'était point un gîte à revenants. Il repassa devant le pavillon, la porte était toujours ouverte.

Il s'arrêta sur le seuil; mais bientôt les gémissements de la bise le chassèrent de là tout frissonnant de peur ; l'esprit est faible quand le cœur est en scène. Il sortit du parc et retourna à Hartz au milieu d'une troupe de fantômes, qui se métamorphosaient en pierres, en buissons, en nuages, dès qu'il les voulait saisir.

IV

Les jours suivants ce fut la même promenade ; mais Adolphe passa en vain des heures d'angoisse à regarder la fenêtre du pavillon. La fenêtre déserte lui semblait triste comme un vieux cadre sans portrait. Son imagination, naguère si gaie et si fleurie, n'était plus qu'un campo santo où sans cesse il se perdait au milieu des images lugubres. Il n'allait plus folâtrer avec l'agaçante cabaretière, il n'allait plus trinquer avec les buveurs ; à peine s'il supportait les caresses de sa mère et le babil de ses petites sœurs ; il vivait seul, toujours seul, si ce n'est avec les morts.

Il voulut enfin savoir. Il partit un matin pour le Niedersteinschlosz, résolu de tout braver pour voir Marguerite ou celle qui avait son image. Ses doutes agitants ne pouvaient durer un jour de plus sans abattre son âme. Depuis le soir des funérailles il avait pâli ; il était ravagé au point qu'on disait à Hartz : — Quel est donc le diable qui le possède ? ce n'est plus que son ombre qui passe.

Ce matin-là, tout en traversant le bois de l'Étang, il se remit, dans la solitude et le silence, à balancer dans son esprit tous ses doutes cruels. — Est-elle morte ? mais n'est-ce pas elle-même qui deux fois lui est apparue dans le parc du château ? — Vit-on jamais deux figures pareilles, animées du même sourire et du même regard ? Pourquoi cette rencontre avec le chasseur le jour de l'enterrement ? — Mais comment l'eût-il enlevée ? — Était-elle morte ou vivante ? Ce vieux médecin, cette bière, ce *De profundis*, cette fosse lugubre, tout cela n'était-il que la mise en scène de quelque mystérieuse comédie ? — A quoi bon cette comédie ? On ne fait pas tant de façons aujourd'hui pour suivre son amant ; il n'y a plus d'enlèvement, comme au beau temps de la chevalerie. Cependant cette jolie fille était étrange en tout ; pour elle, la vie devait se passer étrangement ?

Adolphe en était là de ses rêveries nuageuses, quand il entendit sonner la cloche du hameau de Waldstein ; la sonnerie était lente et triste comme pour un enterrement. Il retourna avec plus d'ardeur à ses souvenirs des funérailles de Marguerite. — Oui, oui, dit-il tout d'un coup, il y a là un mystère que je finirai par dévoiler. J'ai été fou mais les fous sont des voyants.

Il arrivait au bout du bois ; il était à peine dix heures ; le soleil, jusque-là caché par le brouillard d'automne, répandait depuis un instant une pure lumière dans la solitaire vallée, le vent d'est, s'élevant par bouffées capricieuses, dispersait les derniers lambeaux du brouillard. C'était une de ces mélancoliques et douces matinées d'automne, qui versent plus de charme peut-être dans l'âme des voyageurs que les fêtes brillantes du printemps ; la nature avait un dernier sourire qui attristait, mais qui rappelait des jours meilleurs. Le souvenir du bonheur lui-même.

Adolphe allait atteindre l'avenue du château ; il entendit tout d'un coup chanter un psaume du château ; au même instant il vit, par la grande porte ouverte à deux battants, un curé qui jetait de l'eau bénite à l'assistance, c'est-à-dire aux desservants de son église, aux enfants de chœur, à quelques serviteurs du château.

Le convoi se mit en marche, alors Adolphe découvrit un cercueil. — C'est sans doute une parente d'Édouard de Niederstein, dit-il en se détournant. — Le convoi arriva bientôt dans l'avenue; il se rapprocha et distingua une couronne de roses et une couronne de marguerites sur le cercueil.

— Mon Dieu ! si c'était...

On lui frappa sur l'épaule ; il se retourna et vit Édouard, qui suivait le convoi à distance.

— Qui est-ce donc qui est mort au château ?

— A propos, c'est la jeune fille qui nous rappelait Marguerite. Elle est morte hier de je ne sais quelle fièvre maligne.

En disant ces mots, le chasseur avait pâli.

— Morte ! dit Adolphe avec un accent de désespoir, je ne saurai donc rien !

Il saisit la main du chasseur.

— De grâce, dites-moi toute la vérité : quelle est celle qu'on enterre aujourd'hui ?

— Vous êtes fou, dit le baron plus pâle encore. Adieu ! La mort aime le silence ; revenez une autre fois.

Il s'éloigna en disant entre ses dents :

— Il ne faut pas jouer avec la mort.

Adolphe le suivit des yeux ; il penchait tristement la tête, il déroba une larme pour celle qui s'en allait pour jamais.

Adolphe fut alors distrait par une jeune servante qui l'effleura au passage. Comme elle s'éloignait, il l'appela et la pria de lui dire ce que c'était que cette filleule de Mme de Niederstein, qu'on allait enterrer.

— Je n'en sais rien, dit la servante ; il y a six mois qu'elle nous est venue de Munich ou d'ailleurs ; elle vivait en sauvage au point que je ne l'ai presque jamais vue.

Là-dessus la servante partit pour rejoindre le convoi.

Le lendemain, sur le soir. Adolphe revint encore au Niedersteinschlosz.

— Cette fois, disait-il avec colère, je tuerai le chasseur s'il ne me dit pas la vérité.

Il entra au château en homme résolu.

Il traversa un vestibule et un salon sans rencontrer personne ; enfin, dans une grande chambre à coucher, il vit deux vieilles femmes qui pleuraient : la mère et la tante d'Édouard. Il apprit bientôt de ces femmes que le jeune baron s'était tué la veille à la chasse.

Un peu plus il redevenait fou.

V

Adolphe ne parvint pas à dévoiler cet étrange mystère. Six mois durant, son cœur demeura dans la nuit de la tombe, son âme s'attacha au fantôme de Marguerite.

L'hiver suivant, son maître en médecine l'appela à Nancy, voulant faire sa fortune. Adolphe, après bien des luttes douloureuses, finit par quitter Hartz avec sa mère et ses sœurs. Une fois à Munich, les distractions bruyantes, l'envie de faire fortune dans le monde et dans la science, le détachèrent peu à peu de son lugubre amour.

Il se maria à une prosaïque jeune fille qui n'aimait pas les légendes. A part quelques vagues échos, quelques souvenirs attiédis, il avait presque oublié Marguerite, quand un songe, digne de couronner cette singulière histoire, vint le frapper et le ramener à son fantôme :

Au milieu d'une nuit d'hiver, il entend tout d'un coup le bruit de pas funèbres de la mort ou du spectre; il regarde dans l'ombre, il voit apparaître Marguerite secouant son linceul et reprenant tout à coup sa fraîche figure, rehaussée encore par une parure de fête. Il la suivit par un entraînement irrésistible. Il s'aperçut bientôt qu'il était poursuivi par l'inévitable chasseur, qui, cette fois, était armé de la faulx de la Mort.

Marguerite s'appuya sur son cœur et le supplia de la sauver. Il entra avec elle en toute hâte dans une sombre maison, — la maison de la Mort — et ferma la porte sur eux. A peine eutil fermé la porte qu'il reconnut qu'il venait d'entrer dans un cimetière : — Hourrah ! les morts vont vite ! — Marguerite l'entraînait avec une puissance surnaturelle. La tombe était ouverte. Il s'y jeta tout éperdu et tout glacé d'épouvante.

La tombe se changea en un vaste fleuve. Il parvint à soulever Marguerite sur les flots et à l'attirer sur le rivage.

Un rameur vint à eux.

C'était toujours le chasseur. Marguerite était étendue sans mouvement sur le rivage : « Oh Marguerite ! Marguerite ! avant qu'il n'arrive pour ressaisir sa proie, dites-moi tout. »

Elle ouvrit ses beaux yeux, et d'une voix sépulcrale, elle parla ainsi :

— Oui, je suis Marguerite, traînant partout les remords qui me possèdent ; tu m'as aimée, je viens près de toi reposer mon cœur qui souffre, même dans la mort.

— De grâce, Marguerite, reprit Adolphe en prenant les mains glacées du fantôme, de grâce, dites-moi le secret qui tourmente ma vie ; vous avez aimé Édouard de Niederstein ?

— Oui, j'ai aimé Edouard de Niederstein. Mon père était ruiné ; pour réparer sa fortune, il voulait me marier à un vieux cousin de la Flandre ; il était parti pour cela ; j'aimais

Édouard, qui venait depuis trois mois presque tous les jours chasser autour de la ferme. Hélas! le savez-vous? Édouard était marié et ne pouvait m'épouser. Je l'aimais follement. Dès que je fus seule, il voulut m'enlever; mais c'était jeter le désespoir sur un pauvre homme qui n'avait plus que mon honneur. Misérable enfant que j'étais! J'ai joué la comédie de la mort, et la mort...

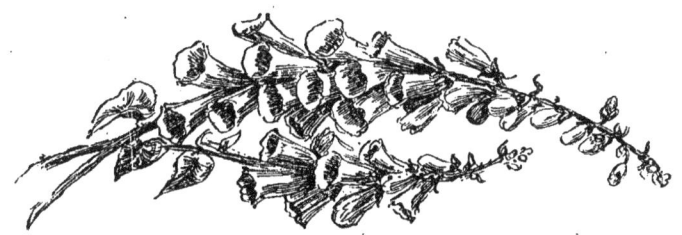

DIANA

On a beaucoup parlé dans le monde du bréviaire de la princesse Diana; c'était un petit volume en maroquin vert d'eau avec les armes de la dame, sous une couronne fermée, un vrai bijou de bibliophile. La reliure n'avait coûté que cinq louis mais le contenu valait mille fois le contenant. Ce n'était pas un livre d'heures,

C'étaient les malices aiguisées de la princesse avec tout l'esprit de La Rochefoucauld. Cette petite merveille avait pour titre :

LIVRE D'HEURES PERDUES

Qu'est-ce donc que Diana ? Une adorable princesse italienne, belle comme un portrait de Van Dyck, malicieuse comme Rivarol. La princesse Diana se plaignait de ne pas bien parler le français avec une grâce de langage toute française.

— Et quand je pense, dit-elle un jour avec sa coquetterie native, que je suis tous les soirs obligée de jouer Célimène dans les salons avec un si mauvais accent !

— Mais, madame, lui fut-il répondu, vous parlez comme Ninon de Lenclos. N'est-ce pas l'amour qui vous a appris le français ?

— Non, monsieur, repartit-elle avec sa naïveté provocante, c'est le Français qui m'a appris l'amour.

Naturellement, c'est l'amour qui faisait les frais de ces pages curieuses, hiéroglyphées ou hiérogriffées.

On pouvait étudier là le cœur de Diana. Il était facile de juger que chez elle le scepticisme n'avait pas encore ruiné le sentiment, ni la science l'illusion. Elle avait beau faire l'esprit fort, on pouvait la battre par plus d'un point avec des roses.

Pourquoi ne pas imprimer ici les pages perdues de ce bréviaire ?

Les femmes n'aiment tant l'amant qu'elles aiment que par regret de l'amant qu'elles n'aiment plus et par désir de l'amant qu'elles aimeront.

*
* *

Beaucoup de ces dames jouent avec leurs amants comme les jongleurs du cirque avec leurs enfants : elles les adorent, mais elles leur cassent les reins.

*
* *

Il y a des veines en amour comme au lansquenet. Les femmes passent la main, mais les hommes sont trop chevaleresques pour *faire Charlemagne.*

*
* *

Combien d'hommes et de femmes qui sont du genre neutre ! Combien aussi d'hermaphrodites dans les deux sexes ! Combien même qui, pareils au devin Tirésias, sont tantôt hommes et tantôt femmes ! Il y a dans l'histoire des époques mâles et des époques femelles. A la Renaissance il n'y a que des femmes, y compris les papes et les héros ; sous la Révolution il n'y a que des hommes, y compris les poètes et les courtisanes.

*
* *

On ne se convertit que par les femmes. Pourquoi? C'est que, pour conquérir la grâce, il faut entrer dans le pays de la grâce.

*
* *

Il y a beaucoup de femmes qui ressemblent à la Belle au bois dormant. Elles dorment jusqu'au jour où vient le prince Charmant. Mais le prince Charmant ne vient pas toujours.

*
* *

Bolingbroke, pour garder la fraîcheur de sa maîtresse, abreuvait sa belle avec du sang de vipère. Il y a une goutte de ce sang-là dans la beauté de toutes les femmes.

*
* *

Pour faire chanter les rossignols on leur crève les yeux : l'amour ne chante que les yeux bandés.

*
* *

Les petits poissons qui tuent les baleines me montrent les petites filles du corps de ballet qui tuent les gros poissons de la Banque.

*
* *

Les fêtes de l'amour sont comme les fêtes du monde : il faut s'en aller avant que les bougies s'éteignent.

*
* *

Le cœur des femmes ressemble toujours à une cathédrale : l'autel du Dieu est dans le chœur; mais que de chapelles dans les bas-côtés !

*
* *

Les anciens ont représenté Vénus toute nue, non pas seulement parce qu'elle était belle ainsi, mais parce que l'amour n'a rien de caché pour l'amour.

*
* *

C'est avec la courtisane qu'on apprend à connaître la femme vertueuse ; c'est avec la femme vertueuse qu'on apprend à connaître la courtisane. Toutes les deux ont leur roman écrit par l'amour : l'amour divin et l'amour profane. Mais où s'arrête l'amour divin ? Où commence l'amour profane ? Tout est dans tout. Pascal ne défendait-il pas à sa sœur de caresser ses enfants? Madeleine, toute souillée encore des orages de la volupté, ne donnait-elle pas un baiser virginal au pied de la croix?

*
* *

Une femme d'esprit disait: « Est-ce bien vrai, ce mensonge-là? » Les femmes ont si bien brouillé le mensonge avec la vérité, qu'il y a toujours — dans leurs mensonges un peu de vérité — et dans leurs vérités un peu de mensonge.

*
* *

L'amour hait le mariage pour les hommes, mais il le conseille aux filles, car il a bien plus de prise sur elles quand elles ont passé par là.
Vénus était mariée.
Que forgeait Vulcain? Les chaînes de Mars et de Vénus.

*
* *

Un galant homme s'imagine avoir sa femme — parce qu'il est marié; mais là où est la femme souvent la femme est absente. Son esprit et son cœur font ménage avec quelque fat de sa société. Il n'y a pas séparation de corps; c'est bien pis, car il y a séparation d'âmes.

*
* *

Toute la politique anglaise, c'est l'Océan.
Toute la politique de la femme, c'est l'amour.
L'amour, c'est l'Océan autour de la femme. On se hasarde dans tous les dangers de la traversée pour aborder à la terre ferme.

Mais la femme n'est le plus souvent qu'un sable mouvant.

Combien qui échouent sur le sable, croyant saluer le rivage !

***

Il y a beaucoup d'amours qui naissent par la haine.

Le bien et le mal ont toujours été en lutte et ont toujours aimé à vivre ensemble.

***

C'est une grande joie que d'étreindre dans ses bras la femme qu'on haïssait la veille. Les querelles de ménage sont souvent des querelles d'amour déguisées.

L'amour et la haine brouillés ensemble s'appellent la volupté.

***

L'amour n'a qu'un ennemi sérieux, c'est le ridicule. Quand l'amour survit au ridicule, c'est qu'il est sublime, comme la poésie qui survit à la tragédie.

Que d'amoureux qui croient encore vivre de leur amour quand ils n'ont plus en eux qu'un mort enseveli !

※

Les anciens ont donné à l'amour des armes parce qu'il est brave et des ailes parce qu'il est lâche. Il frappe au cœur et s'enfuit. L'amour est donc le plus brave et le plus lâche des dieux. Hercule a accompli douze travaux héroïques, mais l'amour l'a vaincu aux pieds d'Omphale. Il n'y a pas de femme qui, avant ou après sa défaite, ne traîne l'amour à ses pieds, désarmé, éperdu, suppliant. L'amour n'aime rien tant que son héroïsme et sa lâcheté.

※

L'amour est le souvenir d'une vie antérieure et le pressentiment d'une vie future. Le poète a eu raison de dire :

L'homme est un Dieu tombé qui se souvient du ciel.

※

A la guerre de l'amour, ce n'est pas le plus brave qui prend le drapeau ; c'est le plus savant. La tactique triomphe avant la force.

Il n'y a qu'en Arcadie que l'amour a raison de l'amour.

*
* *

Les amoureux sont comme ces illuminés qui s'affolent, au bal de l'Opéra, du masque et non pas de la femme. Quand tombe le masque, il n'y a plus de femme.

*
* *

L'amour, le premier sourire d'Ève, la première larme de Madeleine.

*
* *

La vertu est comme la beauté. On ne sait où elle commence ni où elle finit.

*
* *

La femme ne veut rentrer au paradis que pour descendre ensuite au paradis perdu.

*
* *

Quand Dieu fit la femme aux dépens de l'homme, il créait du même coup la femme et l'amour. En effet, l'homme est attiré vers la femme comme à un autre lui-même et comme à un bien perdu. Il veut ressaisir sa force primordiale, il veut s'enchaîner à cette autre vie qui est encore la sienne. La femme, de son côté, trouve que Dieu ne lui a pas donné tout ce qu'il y avait de grandeur et d'héroïsme dans l'homme. Elle essaye de conquérir ce qui lui manque ou de se donner tout entière, comprenant bien qu'elle n'est que la doublure de l'étoffe primitive qui habille l'idée de Dieu.

Mais la doublure ne vaut-elle pas l'étoffe?

*
* *

Le masque de l'amour prend plus de femmes que l'amour.

*
* *

L'amour est comme le poète, qui trouve toujours des vers nouveaux sur l'air connu.

*
* *

L'amour se nourrit de larmes et de sang, et non de lait et de roses, dit l'Anthologie. C'est qu'il a sucé le lait des bêtes féroces quand Vénus l'abrita dans les bois inaccessibles contre les colères de Jupiter.

*
* *

Quand une femme se déshabille, elle est encore vêtue de sa pudeur — si elle est amoureuse.

*
*

Quand une femme se donne corps et âme, elle est encore chaste — si son cœur bat.

*
* *

La chercheuse d'esprit qui trouve l'amour ne trouve pas l'esprit. Le chercheur d'amour perd dans son voyage tout l'esprit qu'il a.

L'esprit hait le commerce de l'amour, et l'amour hait le commerce de l'esprit.

*
* *

En amour, il n'y a que les tyrans qui restent sur le trône. Les monarques débonnaires laissent tomber leur sceptre en quenouille.

*
* *

L'amour n'est souvent pour la femme que le coup de l'étrier pour son voyage dans le bleu. Elle laisse l'homme en chemin.

Alfred de Musset buvait de l'absinthe pour l'ivresse et non pour l'absinthe.

*
* *

L'amour a-t-il étudié les mathématiques ? Quand il veut tromper son monde, il commence par mettre un zéro après une unité et il est dix fois plus amoureux. Le lendemain il met encore un zéro et il aime cent fois plus que la veille. Et ainsi il va de zéro en zéro jusqu'au jour où la nature, dépouillée du prisme de l'orage, le ramène à l'unité, que dis-je ? au simple zéro.

La Normandie est le pays de la pomme. La pomme est le fruit d'Ève. Voilà pourquoi la femme est toujours un peu Normande en amour.

*
* *

Ce n'est pas à la chevelure, c'est au regard que la femme reconnaît les blonds. La duchesse de *** disait en voyant ses convives à table : « Je n'ai ce soir que des bruns. » On se récria en regardant les blonds : « Chut ! dit-elle, *car les blonds ne sont pas ce qu'un vain peuple pense.* »

(*A suivre.*)

CONTES
POUR LES FEMMES

PAR

ARSÈNE HOUSSAYE

Formant une série de dix volumes

sur papier de luxe

Chaque volume sera illustré d'une Eau-forte et de Dessins

PAR

HANRIOT DE SOLAR

PRIX DU VOLUME : 2 FRANCS

ARSÈNE HOUSSAYE

CONTES
POUR LES FEMMES

EAUX-FORTES ET ILLUSTRATIONS PAR
HANRIOT DE SOLAR

V

TRAGIQUE ENLÈVEMENT
DIANA
HISTOIRE POUR PLEURER
HISTOIRE POUR RIRE

PARIS
C. MARPON ET E. FLAMMARION
ÉDITEURS
26, RUE RACINE, PRÈS L'ODÉON

Tous droits réservés.

LES FEMMES ROMANESQUES

CONTES

POUR LES FEMMES

ARSÈNE HOUSSAYE

LES ONZE MILLE VIERGES
1 volume elzévirien, illustré de 20 gravures, 5 fr.

LE DIX-HUITIÈME SIÈCLE
La Régence. — Louis XV. — Louis XVI. — La Révolution.
Édition de bibliothèque en 4 vol. in-18 à 3 fr. 50.

HISTOIRE DU 41ᵉ FAUTEUIL DE L'ACADÉMIE
15ᵉ Édition. — 1 vol. in-18, 3 fr. 50. 1 vol. in-8, 20 portraits, 20 fr.

LES DOUZE NOUVELLES NOUVELLES
24ᵉ édition. — 1 vol. illustré, 3 fr. 50

LA COMÉDIENNE
12ᵉ édition. — 1 vol. in-18, eau-forte, 3 fr. 50.

LE ROI VOLTAIRE
Sa Jeunesse. — Ses Femmes. — Sa Cour. — Son Sacre. — Ses Ministres. — Son Dieu.
1 volume elzévirien à deux couleurs, 3 portraits, 5 fr.

LES GRANDES DAMES
36ᵉ édition. — 1 beau volume in-18, 3 fr. 50.

HISTOIRE D'UNE FILLE PERDUE
Avec une étude de P. de Saint-Victor, 1 vol. in-18, 3 fr. 50.

L'ÉVENTAIL BRISÉ
2 vol. portraits, 7 fr.

LA COURONNE DE BLEUETS
1 volume, eau-forte de Théophile Gautier, 3 fr. 50.

LES TROIS DUCHESSES
10ᵉ édition, 1 vol. in-18, portraits, 3 fr. 50.

LES LARMES DE JEANNE
1 vol. in-18, portraits, 3 fr. 50.

LES CONFESSIONS
Souvenirs d'un demi-siècle.
4 volumes in-8º, avec gravures et autographes, 24 fr.

Saint-Quentin. — De l'Imprimerie J. Moureau et Fils.

ARSÈNE HOUSSAYE

CONTES
POUR LES FEMMES

EAUX-FORTES ET ILLUSTRATIONS PAR
HANRIOT DE SOLAR

V

*TRAGIQUE ENLÈVEMENT
DIANA
HISTOIRE POUR PLEURER
HISTOIRE POUR RIRE*

PARIS
C. MARPON ET E. FLAMMARION
ÉDITEURS
26, RUE RACINE, PRÈS L'ODÉON

Tous droits réservés.

TRAGIQUE ENLÈVEMENT

<small>Elle aimait trop l'amour, c'est ce qui l'a tuée !</small>

I

Ce ne fut pas sur la chimère antique, mais sur un beau cheval, robe de corbeau, que je vins la seconde fois à Paris, avec mon père pour compagnon de voyage. Nous descendîmes rue de la Monnaie, tout près d'un ami de ma famille, le célèbre Jennesson (1), qui fut préfet de police, moins le titre.

(1) Fils de Jean de Jennesson, conseiller au Parlement. Greuze a fait de lui un beau portrait en 1788.

C'était d'ailleurs pour lui que mon père s'était mis en route.

Jennesson, qui était de Bruyères, y avait bâti un petit palais devant servir de casino aux buveurs d'eaux minérales, car Bruyères possède une fontaine d'eaux minérales. Il s'était ruiné à cette entreprise, mais il ne voulait pas se dire vaincu. Bruyères étant aussi un pays de vignes, il aurait mieux fait de vouloir vendre du vin que de vouloir vendre de l'eau. Il venait pourtant de trouver un autre esprit chimérique qui promettait de jeter cent mille francs dans l'affaire. Il n'en fallait pas plus pour la fortune des eaux minérales, qui, après tout, méritent de faire fortune.

J'espérais que Jennesson, qui était fort répandu, me promènerait quelque peu dans ce pays enchanté, qui était mon rêve depuis que ma tête parlait. En effet, il fut bon prince ; dès notre arrivée, il nous proposa non seulement de nous conduire dans les grands théâtres, mais aussi à une fête de l'Opéra qui promettait d'être sans seconde, une fête de charité organisée par la reine pour adoucir le rude hiver de 1831. Les billets qui ne coûtaient qu'un louis, avaient été disputés par le beau monde. On les rachetait maintenant jusqu'à cinq louis. Mon père ne parut pas curieux à ce prix-là, mais Jennesson avait des billets de faveur. « Vous pouvez bien les accepter, nous dit-il ; vous n'en serez pas quitte à si bon marché, il y aura une quête faite par les plus belles femmes de Paris. »

Vint le jour du bal. Quoique mon père aimât l'argent, vrai père de famille qui prévoit que ses enfants en jetteront beaucoup par la fenêtre, il fit bien les choses. Tout enchariboté qu'il fut dans ses terres et ses bois, il avait encore ses heures de jeunesse. Il ne faisait pas le beau comme au temps où il caracolait dans la brigade Nansouty, mais il n'était pas fâché de prendre çà et là un air de mode.

J'avais un caractère si contradictoire en ce temps là surtout, que j'étais tour à tour hardi et timide. En entrant à cette fête, où j'étais venu en fiacre, je ne me sentis pas fier du tout. Je marchais sur des charbons. Tout Paris était là ; on me montra dans les loges les personnages de la cour, de la politique et des lettres. Je ne remarquai bien que mon compatriote Alexandre Dumas et Alfred de Vigny, coquetant tous les deux dans un bouquet de femmes.

A qui parler ? car j'étais le plus étranger des étrangers. Heureusement que je fis une rencontre dans cet océan de lumière, de diamants et de roses. C'était le général de la Houssaye, qui avait fait amitié avec mon grand-père, au sacre de Charles X, sous prétexte que mon grand-oncle, le général Houssaye, lui avait sauvé la vie en Vendée.

Jennesson, qui connaissait tout le monde et qui savait l'histoire de tout le monde, me présenta au général de la Houssaye comme un poète en herbe, qui ne serait sans doute pas indigne de son grand-oncle. Le général me fut très gracieux. Voyant quelques belles jeunes filles qui n'avaient ni danseurs ni valseurs, il me jeta sur la proie, en vieux soldat qui aime toutes les batailles. Quoique je n'eusse que dix-sept ans, je n'avais pas trop l'air d'un écolier, peut-être parce que j'avais toujours fait l'école buissonnière. J'y allai bon jeu, bon argent.

Me voilà donc sur le champ de bataille de la valse avec Mlle Caroline ***, une belle personne tout habillée en roseau. Les Ophélies étaient à la mode. Elle me prit pour ce que j'étais : un joli valseur, comme on dit dans le monde. Cette belle personne était, d'ailleurs, connue du général. Elle appartenait à la famille d'un des derniers maréchaux survivants. Sa mère l'accompagnait sans presque la perdre de vue. Je lui dis quelques mots pour la comparer à Ophélie. Elle me répondit qu'elle n'était pas une héroïne de roman. Je voulus lui prouver qu'une jeune fille, quand elle est douée de toutes les beautés, est toujours l'héroïne du roman de son cœur.

Elle me regarda doucement. « Nous danserons tout à l'heure et nous causerons, » me dit-elle.

Après la valse, j'étais troublé, après le quadrille, j'avais pris feu.

Mais je ne devais jamais plus ni valser ni danser avec elle.

II

Après le quadrille, ce fut le galop; la jeune fille passa aux mains d'un jeune monsieur tout confit que lui imposa sa mère. Je regrettais de ne pouvoir continuer la fête avec une si charmante figure, dont le sourire avait pour moi toutes les éloquences. Je pris la première venue pour galoper, dans le même tourbillon comme si je poursuivais un rêve.

Ce fut pour moi une grande surprise quand tout à coup un jeune lieutenant de hussards, entraîné dans notre cercle, lâcha sa danseuse et saisit Mlle Caroline***. C'était par droit de conquête. Il l'arracha des bras de son danseur sans plus de façon que dans un bal de barrière.

Mlle Caroline*** poussa un cri qui domina l'orchestre et qui alla jusqu'au cœur de sa mère, quoiqu'elle fut alors du côté opposé, car le hussard avait bien choisi son moment.

Je vis cette étrange action avec un battement de cœur; il me sembla que c'était un maître qui reprenait son bien. Je fus horriblement jaloux; un peu plus, je me jetais à la traverse. Mais le flot nous emportait. Je repassai devant la mère qui était blanche comme la mort.

— Ma fille ! ma fille ! criait-elle, soutenue par deux amies.

La mère me sembla aussi jeune et aussi belle que la fille.

Elle s'évanouit, mais elle rouvrit les yeux en criant encore : « Ma fille ? »

Elle voulut courir, comme si eût elle dû la retrouver.

— Ne criez pas ainsi, lui dit une dame qui avait vu le jeu, vous allez perdre votre fille.

— La perdre ! murmura la mère, avec un inexprimable sourire d'amertume et de désespoir.

Et elle marchait toujours à travers ces vagues joyeuses et bruyantes. Cependant Mlle Caroline*** ne reparaissait pas. Était-elle dans un autre cercle de cet enfer des plaisirs ? Quand la galope fut finie, je m'aventurai çà et là pour retrouver ces deux figures romanesques. Je croyais lire un roman, un roman où j'aurais dû jouer un rôle; mais je ne retrouvai pas l'héroïne.

La mère elle-même avait disparu. Tout ceci n'avait fait du bruit que dans un tout petit coin de la fête. On en parla à peine pendant un quart d'heure ; on jugea que la mère avait retrouvé sa fille ; on supposa que le hussard, un peu allumé par l'ivresse, avait agi comme en pays conquis ; puis on parla d'autre chose ; d'ailleurs chacun était là pour soi, cherchant une aventure, sans s'inquiéter de celles des autres. Mais moi j'avais toujours sous les yeux la figure toute pâlissante de Mlle Caroline***, et le cri qu'elle avait jeté retentissait encore dans mon cœur.

III

Nous déjeunâmes chez Jennesson vers midi, après quelques heures de sommeil. Je lui racontai l'histoire, du moins ce que j'avais vu de l'histoire :

— Oui, oui, je vous en dirai des nouvelles.

Le lendemain, comme nous déjeunions encore ensemble, il me dit :

— Vous aviez raison de voir là une scène de drame, mais le dénouement est bien plus terrible.

Il me passa un journal.

— Lisez cela.

Je lus ces lignes, qu'il avait encadrées d'un trait de plume :

« La fête a été splendide, c'est 50,000 francs pour les pauvres. On s'est amusé jusqu'au matin. Décidément? Mme d'Aponye a mis la galope à la mode. C'était une furia. Nous avons pourtant à regretter un cruel événement. Une jeune fille s'est évanouie dans le tourbillon, on l'a transportée dans le foyer de la danse, où elle a bientôt succombé à la rupture d'un anévrisme. On dit que sa mère en mourra de désespoir. La reine, toujours si bonne et si sympathique à ceux qui souffrent, a envoyé un chevalier d'honneur vers la désespérée. »

J'étais tout ému et tout pâle.

— Eh bien ? me dit Jennesson.

— Il me semble que je rêve ; comment, tant de beauté dans un linceul !

— Ce n'est pas tout.

Et Jennesson me montra ces quelques lignes, encore encadrées de noir :

« Nous avons aussi à déplorer un autre malheur ; on nous assure qu'à la fin du bal un jeune officier de hussards s'est brûlé la cervelle sans dire pourquoi. Il s'était battu en duel ces jours-ci avec un de ses camarades. Question de femme, sans doute. »

Le journaliste partait de là pour paraphraser ses sentiments sur le duel et sur le suicide.

— Je ne comprends pas, dis-je à Jennesson.

« Je crois bien, me répondit-il, c'est le journal qui parle; mais les journaux ne savent rien, à moins qu'ils ne fassent semblant de ne rien savoir. Maintenant, écoutez-moi, car mon métier est de savoir tout. Mme *** n'a pas retrouvé sa fille à l'Opéra parce que sa fille n'a pas été, comme le dit le journal, au foyer des artistes. Où est-elle allée? A-t-elle marché de bonne volonté ou a-t-elle été entraînée? Ce que je sais déjà très bien, c'est que la mère ne voulait pas que la fille vît le hussard, parce que les deux familles sont en guerre comme deux familles corses. D'ailleurs, le hussard était bien jugé par le monde comme un libertin fieffé. Mais Mlle *** aimait M. Émile ***, quoiqu'elle en eût peur, ou parce qu'elle en avait peur.

« Or, la mère, tout affolée, ne retrouvant pas sa fille, est venue chercher le préfet de police. On m'a appelé et on m'a donné la mission de chercher la demoiselle ou la damoiselle, si vous voulez, avec pleins pouvoirs de requérir la force armée, si le lieutenant faisait des siennes, car on ne doutait pas que Mlle Caroline *** ne fût avec lui.

« Naturellement, je ne trouvai pas le hussard à la caserne du quai d'Orsay : mais j'appris là, sans beaucoup de diplomatie, qu'on le trouvait souvent la nuit soit à l'hôtel de Champagne, soit rue de Bourgogne, dans l'appartement d'un de ses camarades, presque toujours en voyage. J'allai tout droit rue de Bourgogne ; le concierge me jura ses grands dieux qu'il n'avait |pas vu le lieutenant depuis quelques jours. — Combien vous a-t-il donné pour que vous me disiez cela? — Pas un sou, monsieur. — Eh bien, conduisez-moi dans l'appartement.

« Cet homme refusa ; je montai rapidement l'escalier. Je sonnai au premier étage. Ce n'était pas là, mais on m'apprit que je n'avais plus qu'un étage à monter. Je sonnai, avec l'oreille à la porte. Il me sembla entendre un bruit de pas. Quoique seul et sans écharpe, car je ne voulais pas que l'affaire fît du bruit, je criai, après avoir frappé violemment : « Au nom de la loi, ouvrez. » J'ai une voix qui perce les murs ; une seconde fois, je criai : « au nom de la loi, ouvrez. » Une forte détonation me répondit. J'avoue que je fus effrayé, non pas pour moi, bien entendu, mais effrayé de l'action de la police.

« Le coup de pistolet n'était-il pas parti parce que j'avais parlé au nom de la loi? Je ne pouvais pourtant pas rebrousser chemin. Le concierge m'avait suivi avec inquiétude ; il faillit se trouver mal quand il entendit la détonation.

« — Vous avez une double clef? lui dis-je. — Oui monsieur. » Il alla tout défaillant chercher sa seconde clef. Nous entrâmes. Je traversai l'antichambre et le salon. J'ouvris la porte de la chambre à coucher. Horrible spectacle ! Un homme venait de tomber mourant, la tête dans l'âtre. Je courus à lui, je le soulevai dans mes bras, il remua les lèvres, mais il ne dit pas un mot, il avait frappé juste en se frappant au cœur.

— Il eût frappé plus juste en se frappant à la tête, dis-je à Jennesson.

« Ce n'était pas tout : à peine l'eus-je relevé à demi contre un fauteuil que je vis sur le lit Mlle Caroline ***, toute blanche dans sa robe de bal, cette robe de roseaux qui vous avait paru si poétique.

— Ah ! mon Dieu, m'écriai-je.

Jennesson continua : « Ah ! mon Dieu, c'est le cri qui s'échappa de mes lèvres, mais elle ne l'entendit pas. Je lui saisis la main. Une main glacée. Les yeux étaient ouverts, la bouche souriait presque, mais il y avait déjà bien des heures qu'elle était morte. On courut chercher un médecin. Rue Saint-Dominique, on rencontra Magendie, qui ne se fit pas prier pour venir.

— C'est fini, dit-il du premier mot, après avoir jeté son premier coup d'œil. — Je vois bien, lui dis-je comment il est mort, lui ; mais elle ?

Elle ? dit Magendie tout en dégrafant la robe. Voyez, elle est morte de la rupture d'un anévrisme. — Comment, si jeune ! à dix-sept ans ! — Oh ! mon Dieu, oui ; dans ces robes de bal qui emprisonnent le cœur, il ne faut qu'une émotion violente pour tuer une femme. — Alors le coupable est là ! — Oui. Voyez : il s'est fait justice.

« Magendie poursuivit son examen :

« Le coupable n'est peut-être pas si coupable que cela. — Alors, on pourra ensevelir Mlle *** dans le linceul sans tache ? — Je ne veux pas le savoir, dit Magendie ; j'ai trop le respect de la mort. A quoi bon, d'ailleurs ! C'est bien le moins que cette belle fille s'en aille au tombeau dans toute sa blancheur. »

IV

Ainsi ou à peu près parla Jennesson.

Mais voici la scène la plus dramatique : A peine était-il descendu de l'appartement que la mère de Caroline y vint toute joyeuse. On lui avait que sa fille était rue de Bourgogne. Comme elle avait une amie rue de Bourgogne, elle ne doutait pas que sa fille ne fût chez cette dame.

Or, cette dame demeurait dans la maison voisine de celle où gisait Caroline.

Dans son affolement Mme *** s'adressa sous la porte cochère à une servante qui savait déjà l'horrible aventure.

— Ma fille est ici? cria la mère dans sa joie.

— Non, dans la maison d'à côté, répondit la servante.

Cette fille s'imaginait voir une folle, tant le contentement rayonnait sur la figure de la mère.

— Pourquoi à côté?

La servante ne donna pas d'explication :

— Madame, montez au troisième, vous verrez le spectacle.

Ces paroles n'inquiétèrent pas la mère, tant elle avait la joie au cœur. Tout en montant l'escalier, elle disait encore : J'ai retrouvé ma fille!

Ces paroles, elle les prononça une dernière fois en se précipitant vers le lit où dormait Caroline.

Elle avait retrouvé sa fille, mais Caroline n'avait pas retrouvé sa mère.

Ce furent des cris, des larmes, des sanglots quand on arracha la mère du lit de la morte. Elle était folle! Mais Dieu ne lui donna pas même cette consolation de perdre la raison. Après quelques heures de folie, elle revint à elle et comprit son malheur.

Quand, le soir, je parvins, à force de prières, à accompagner Jennesson et le juge d'instruction dans la chambre mortuaire, je vis cette malheureuse mère éplorée, embrassant sa fille comme pour lui redonner une âme ; mais Caroline n'était plus de ce monde où on aime et où on pleure.

On envoya quelques lignes à deux journaux pour déguiser la vérité. L'enterrement devait se faire le lendemain à Saint-Thomas d'Aquin, à la chapelle de la Vierge, mais sans pompe et sans bruit, comme les douleurs qui se cachent.

Jennesson espérait que la vérité n'éclaterait point.

La famille du lieutenant l'avait emporté le matin pour le conduire en Bretagne dans une chapelle de famille. On a prié les journaux de ne pas reparler de son suicide, par respect pour l'armée.

— Si le concierge se tait, reprit Jennesson, il ne sera plus question ni de lui ni d'elle. *Requiescant in pace.*

J'écoutais encore, le cœur oppressé. Jennesson me prit la main.

— Mon jeune ami, faites-vous enlever par les femmes, mais ne les enlevez pas... surtout en robe de bal... Cette jeune fille est peut-être morte étouffée par sa robe et par ses battements de cœur ? Et pourtant...

Bien longtemps après, je causais avec Alexandre Dumas de cette tragique aventure, en lui rappelant que je l'avais entrevu à cette fête célèbre.

— Oui, oui, dit-il, je sais l'histoire, mais je croyais que c'était une femme mariée. Cela m'a servi pour *Antony*. C'est en me demandant pourquoi le hussard s'était tué que j'ai trouvé mon dénouement.

Je n'ai jamais lu la pensée de Pascal le *roseau pensant*, ni songé au *roseau chantant* d'Ovide, sans voir tout de suite apparaître la blanche figure de Mlle Caroline ***.

DIANA

LIVRES D'HEURES PERDUES

C'est le triomphe de l'amour de s'élever d'un pied dédaigneux au-dessus de tous les orgueils et de s'estimer plus riche que M. de Rothschild. L'amour bat monnaie comme un roi et change l'eau en vin comme un dieu.

La pudeur est sublime, parce que c'est la nature qui se défend. La pruderie est odieuse, parce que ce n'est qu'un masque. Sous la pudeur il y a une femme; sous la pruderie il n'y a qu'une sotte.

※

En France les amoureux ne sont pas plus épiques que la *Henriade*. La raison domine toujours la poésie. L'amour écrit de belles strophes, mais ne fait guère de livres. Beaucoup de jolies bourgeoises émancipées ont cru s'élever à la poésie parce qu'elles étaient romanesques, mais elles n'ont fait que tomber dans la prose poétique.

※

Les femmes romanesques aiment les hommes prosaïques. La nature ne veut pas perdre ses droits.

※

L'amour est un bourreau d'argent. C'est toujours l'enfant prodigue. Il se nourrit de ses sacrifices, car plus il donne et plus il croit affermir sa conquête. Mais il ne prend hypothèque que sur le sable mouvant du rivage. Si on lui donne la monnaie de sa pièce, ce sera en fausse monnaie.

※

Les femmes ne seraient pas jalouses si leurs rivales n'étaient pas heureuses.

*
* *

La courtisane mange le passé : — l'héritage, la femme aimée mange le blé en herbe : — l'avenir ! — Quelle est la plus dangereuse, ô jouvenceau au col cassé !

*
* *

Combien de courtisanes qui sont mortes sans avoir fait l'amour !

*
* *

Pour savoir l'âge d'une femme, il faut le lui demander, et le demander à son amie. Elle dira trente ans, l'amie dira quarante, on prendra le terme moyen.

*
* *

Les femmes placent leur amour dans le cœur des hommes à fonds perdu ou à cent pour cent. Les hommes ne hasardent pas le capital, mais dédaignent les intérêts.

*
* *

L'amour est encore la plus belle invention des anciens pour les modernes.

*
* *

La femme qui s'oublie avec un homme qu'elle n'aime pas oublie bientôt qu'elle s'est oubliée.

C'est alors qu'un galant homme ne se souvient pas.

*
* *

Les anciens ont connu deux amours, *Imeros* et *Eros*, l'amour des fous et des sages. Nous ne connaissons qu'un amour; mais nous n'y perdons rien, car il renferme tout à la fois la sagesse et la folie.

*
* *

Si vous battez la campagne, emporté par un rêve brûlant, prenez garde de donner un coup de pied dans l'hyménée universelle. Songez que tout est amour au mois des primevères et des aubépines. Dans chaque ramée, si vous écoutez bien, vous ouïrez le cantique des cantiques; à chaque pas dans l'herbe, si vous regardez bien, vous trouverez un lit nuptial.

*
* *

Dans l'Olympe, le Dieu de la pensée est un homme; mais cet Apollon que fait-il sans les neuf muses? Or les femmes sont les muses des passions.

*
* *

Élus ou réprouvés, déchus ou rachetés, notre destinée commune se rattache à l'Éden ou à Bethléem : nous relevons tous d'Ève ou de Marie ! « *Ab Jove principium !* »

* *

La vertu revêche est un château fort qui ne baisse pas le pont-levis parce que personne ne frappe à la porte.

* *

L'Orient et l'Occident s'ébranlent pour Hélène, la veuve aux cinq maris; Hercule est vaincu par Omphale; Antoine est dompté par Cléopâtre; Eurydice entraîne Orphée dans les Champs-Élysées; Merlin est emprisonné par Viviane; Fastrade morte enchaîne Charlemagne sur son tombeau; Béatrice élève Dante jusqu'aux sentiers bleus du paradis.

* *

La femme est le dernier mot du Créateur. Le grand maître avait d'abord sculpté les mondes, puis le mastodonte, puis l'aigle, puis le lion, puis l'homme; il termina par la femme. Ce fut alors qu'il se reposa pour se contempler dans son œuvre.

* *

Dans la chaîne invisible qui suspend la terre

au ciel, la femme tient la main de l'ange, l'homme tient la crinière du lion.

*
* *

Vénus naissant de la mer est un profond symbole : il faut à la beauté la plus parfaite un grain de sel dans l'esprit et des tempêtes dans le cœur.

*
* *

Aspasie dit un jour à Platon, qui l'avait promenée dans tous les sentiers perdus du sentimentalisme : « Que de chemin nous avons fait pour arriver où? — Au commencement ! »

Platon déraisonne, car l'amour est une ivresse; or comment s'enivrer sans mordre à la grappe ?

Les platoniciens disent qu'Hercule, aux pieds d'Omphale, n'écoutait que les battements de son cœur. Mais, quand Hercule filait le parfait amour aux pieds d'Omphale, c'était après avoir accompli ses douze travaux.

*
* *

La femme galante est un billet en circulation qui prend d'autant plus de valeur, qu'on y lit plus de signatures.

*
* *

Où commence et où finit la femme galante?

Elle commence à Sapho et à sainte Thérèse, elle finit à Ninon et à Sophie Arnould. Elle va du libertinage du cœur à celui de l'esprit en passant par le vrai libertinage, comme Marion Delorme.

.·.

La femme ne se console de sa première chute que par une seconde, — et ainsi de chute en chute, — c'est-à-dire qu'elle se console toujours — et qu'elle n'est jamais consolée.

.·.

La femme la plus amoureuse a toujours un second amour dans le chemin du cœur.

Il en est des femmes qui passent pour être à tout le monde comme de la croix. « Tout le monde l'a, disait-on à M. de Salvandy. — Je ne suis pas de votre opinion là-dessus, car tout le monde me la demande, » répondit le ministre.

.·.

La vertu est une robe faite après coup sur la nature pour cacher ses battements de cœur. Ce qui fait la force de la femme, c'est que l'homme croit trouver la vertu sous la robe.

.·.

Il en est souvent des femmes comme de l'argent : on les prend pour les mettre de côté.

※

L'amour a pour patrie le ciel et la terre. Trop souvent l'un des deux amants habite le ciel quand l'autre habite la terre. L'un aime en vers et l'autre aime en prose.

Quel est le plus poète des deux ?

※

Dans le pays de la galanterie, la fausse monnaie a un cours forcé.

On ne se paye pas en bonne monnaie.

Les plus beaux sentiments sont marqués à une effigie douteuse et le cœur le plus passionné renferme beaucoup d'alliage.

Dans ce pays-là, les fous sont les sages et les sages sont les fous.

Dans ce pays-là, il vaut mieux être fripon que dupe.

※

Beau mot d'un Athénien à un Spartiate : « Respectez mes vices, ils sont plus grands que vos vertus. » Nous ne sommes plus de Sparte, ni même d'Athènes. Chez nous, la passion n'a plus ses coudées franches au banquet ; l'enfant prodigue tue lui-même le veau gras à sa première folie ; tel qui jette l'argent par la fenêtre en plein soleil, se précipite dans la rue quand vient le soir, pour ramasser ce qui en reste.

*
* *

Tant vaut l'homme, tant vaut la femme, tant vaut la femme, tant vaut l'amour; tant vaut l'amour, tant vaut la vie; et tant vaut la vie, tant vaut la mort.

Il n'est pas un savant à qui une femme puisse dire avec raison : « La science c'est moi. »

*
* *

Les hommes disent : *Faire une femme;* les femmes disent : *Faire une dupe.* En effet, dans ce *commerce* de l'amour (je n'invente pas le mot), comme dans tous les commerces, on n'ouvre un crédit que par l'appât de gros intérêts. Il y a, comme ailleurs, le livre des recettes et des dépenses. Un homme et une femme, quelque passionnés qu'ils soient, calculent les hasards du compte qu'ils vont s'ouvrir. Mme *** disait à M. *** : « Je vous porte un si haut intérêt ! — A combien pour cent ? » demanda M. ***. Et il avait raison.

*
* *

Il y a telle femme qu'on prend comme une charge d'agent de change. Nul n'est assez riche pour l'avoir à lui seul. On est pour un quart ou pour un huitième dans sa vie.

On peut la comparer encore à un de ces carrosses de hasard qu'on loue à l'heure pour se donner des airs d'enfant prodigue aux courses de chevaux ou aux Champs-Élysées.

On peut dire encore que sa vie est un vaudeville qu'on fait à deux ou à quatre : qui le scénario, qui le dialogue, qui les couplets, qui le mot ; mais c'est toujours elle qui trouve le dernier trait et qui a les applaudissements.

*
* *

La plus belle fille du monde ne peut donner que ce qu'elle a. — Qui a dit cela ? — Elle donne souvent ce qu'elle n'a pas : l'amour.

*
* *

Pour la femme, l'amour, c'est la curiosité ; pour l'homme, c'est l'amour.

*
* *

On a dit que les gens d'esprit ne réussissaient pas dans le monde, parce qu'ils ne croyaient pas les autres aussi bêtes qu'ils sont. Les amoureux qui ne réussissent pas sont aussi bêtes que les gens d'esprit : ils ne croient pas les femmes aussi — Èves — qu'elles sont.

*
* *

L'amour, dans le cœur de la femme, est le diamant dans le charbon. On y trouve le feu, la mort et la lumière.

L'amour ne donne jamais à un peintre le temps de peindre deux amants sous le même rayon d'amour et de lumière. Le portrait de l'un n'est pas fini que déjà l'autre n'est plus là.

Je connais peu de femmes qui donnent dans la prodigalité. J'en connais beaucoup qui donnent dans la prodigalité des hommes.

Nous ne voyons pas plus clair dans nos passions que la cavale éperdue qui a pris la nuit le mors aux dents, et qui éclaire au choc des cailloux le chemin — pour les autres.

Un nouvel amour est un renouveau pour le cœur. Dans les premiers jours de la passion, les amants ont des coquetteries charmeresses qui s'évanouissent aux premiers vents d'orage.

C'est l'aubépine toute blanche et toute parfumée qui bientôt n'est plus qu'un buisson. L'amour y chante encore, mais on lui dit comme le paysan au rossignol : « Tais-toi donc, vilaine bête qui m'empêches de dormir ! »

*
* *

Il y a des femmes qu'on aime parce qu'on les a aimées dans une autre vie. Dès qu'on les voit — dès qu'on les revoit — il semble qu'on ressaisisse quelque rayon de sa vie ancienne. L'horizon se rouvre vers le passé. « Rien de nouveau sous le soleil, » disait Salomon. En effet, rien de nouveau — pas même la vie — mauvais livre qu'on a déjà lu.

*
* *

La rose est le symbole de la douleur, puisqu'elle est teinte du sang de Vénus.

*
* *

En amour, quand un homme manque de parole, il ne sait pas que celle qui a signé avec lui au contrat, lui sait gré de prendre les devants.

*
* *

La femme qui inspire une grande passion la subit bientôt — quelquefois pour un autre — comme le thermomètre subit les variations de l'atmosphère.

*
* *

Alexandre voulait qu'on l'appelât fils de Jupiter. « Cessez, mon fils, de me brouiller avec Junon, » lui écrivit sa mère.

Mme de Barneweldt se jetait aux pieds du prince d'Orange pour solliciter la grâce de son fils : « D'où vient que vous n'avez pas sollicité en faveur de votre mari ? — C'est que mon mari était innocent et que mon fils est coupable. »

Le comte de Nangis, devenu dévot, voulant détourner sa fille du mariage, lui citait saint Paul, qui dit : « En se mariant on fait bien, on fait mieux en ne se mariant pas. » La fille à marier répondit : « Faisons toujours le bien, fera le mieux qui pourra. »

Voilà comment parlent les femmes.

*
* *

Les femmes qui ne soulèvent dans notre esprit que des points d'admiration sont comme les tragédies de Racine, — trop parfaites. — On aime mieux celles qui soulèvent des points d'interrogation.

*
* *

L'amour est toujours à la recherche ne l'inconnu. Le grand art, c'est d'être impénétrable. Quand le masque tombe, le carnaval cesse.

*
* *

Une femme qu'on n'a pas aimée, c'est un air qu'on ne sait pas.

On va aimer la femme, — on commence à chanter l'air.

On aime, — on chante, — bien ou mal, — juste ou faux.

L'air connu, s'il n'est pas de Mozart ou de Gluck, vous persécute, parce qu'il vous revient à toute heure à l'esprit. — Vous ne le voulez plus chanter, il se chante tout seul. Vous le mettez à la porte, il revient par la fenêtre.

Ainsi de l'amour. Ainsi de la femme, — si elle ne chante pas dans votre cœur des airs de Mozart ou de Gluck!

La vie donne une main à l'amour, l'autre à la mort, et le cercle fatal est formé.

Tout en lisant l'histoire de la vie, il faut en feuilleter toujours le roman. Les deux livres s'illuminent l'un par l'autre. On finit par les confondre, par se tromper de page, par ne plus savoir où l'on en est : c'est le point suprême de la science.

Toutes les femmes sont la même ; qui a dit

cela ? Entre deux femmes il y a un monde quand il n'y a pas un homme.

※
※ ※

L'amour est un fil que la femme tient par les deux bouts et qu'elle nous donne à retordre.

※
※ ※

Les femmes ne vivent pas pour l'histoire, leur règne est au jour le jour, car c'est le règne de la beauté, qui a peur des révolutions du Temps. *Après moi le déluge!* disait Mme du Barry. Ce fut un déluge de sang.

※
※ ※

Les filles d'Ève, il les faut connaître au bon moment, — à l'heure où elles agitent les branches savoureuses de l'arbre de la science, — à l'heure où elles s'enfuient effrayées et repentantes, mais avec un divin sourire d'amour, consolées des orages de la passion par les joies du souvenir.

※
※ ※

L'amour ne vieillit pas, il meurt enfant.

※
※ ※

On ne donne qu'aux pauvres. Que voulez-vous que fasse une femme pour un homme qui demande au lieu de prendre ?

La princesse au grain de beauté disait : « Si on me chante de vieilles sérénades pour me demander le trésor de mon cœur, sur toute la somme je ne donne qu'un sou. »

*
* *

Les roses de l'amour ont leurs épines dans notre cœur. Si les roses sont belles c'est que les racines boivent le plus beau de notre sang.

*
* *

Il y a sept péchés capitaux pour les sept jours de la semaine. La femme est le huitième péché capital. Mais c'est peut-être la quatrième vertu théologale ?

*
* *

On ne va pas au cœur des femmes en parlant de soi, mais en leur parlant d'elles. Une femme s'amuse toujours de ce qu'elle dit, jamais de ce qu'on lui dit, si on ne lui parle pas d'elle.

Diana.

CONTE POUR PLEURER

HISTOIRE D'UN ANE

Le givre argentait les arbres des Champs-Élysées — poudrés à frimas comme des marquis de l'ancien régime.

C'était avenue Montaigne, vers neuf heures du matin ; le soleil se montrait dans la brume comme un globe de feu, mais il ne rayonnait pas. La bise était dure au pauvre monde. On passait vite sur l'avenue, les femmes se voilant la figure, les hommes baissant la tête, comme les vaisseaux dont la proue se courbe sous l'ouragan. On n'eût pas mis un chien ni un amoureux à la porte ; un baiser d'ingénue eût gelé en route.

Je passais comme tout le monde. Une chiffonnière, pâle et affamée, conduisait par la bride un pauvre petit âne qui avait l'air d'avoir cent ans, et qui traînait une pauvre petite charrette toute pleine des immondices du quartier : chiffons, bouteilles cassées, journaux lus, bouquets dédaignés, casseroles trouées, ferrailles, croûtes de pain, billets doux, — en un mot les milles riens qui sont la fortune des chiffonniers. La femme avait fait bonne récolte depuis minuit, mais l'âne était à bout de forces.

Comme je m'approchais de cette voiturette, un nom frappa mes yeux parmi les paperasses et les fleurs ; ce nom était celui de mademoiselle *Geneviève*. Or je venais tout justement de chez la demoiselle. Qu'est-ce que Geneviève ? Je ne ferai pas son portrait : je ne l'ai vue que la nuit, éblouissante de beauté, toute barbouillée de blanc et de rouge, avec des cheveux de convention et des mines de comédie, car elle a fait semblant de m'adorer, mais je suis trop revenu de la comédie pour me laisser prendre. C'est une de ces demoiselles qui vivent pour le péché, et par le péché. Il faut bien que tout le monde vive !

Je n'osai pas prendre cette lettre, quoique ce fut un chiffon, parce qu'après tout c'était la propriété de la chiffonnière.

— Madame, lui dis-je, voulez-vous me donner un morceau de papier pour allumer mon cigare ?

Cette femme me regarda d'un air surpris ; mais comme c'était une brave femme qui ne voulait pas abuser de la situation, elle me dit: « Prenez, monsieur ! » tout en m'offrant des allumettes.

Je lui donnai cent sous et je m'éloignai de quelques pas avec la lettre à la main.

Le voici mot à mot :

« Permettez-moi de vous trouver quelque peu
« singulière depuis quinze jours. Vous me faites
« poser comme si vous étiez une des onze mille
« vierges ou comme si, pareille aux filles de
« Jephté, vous pleuriez votre virginité sur la
« montagne. Je n'ai pas l'habitude de jouer les
« méconnus ni les sacrifiés. Je vous avertis
« donc que je vous envoie aujourd'hui le bou-
« quet de la fin. Si vous ne me répondez pas
« pour m'offrir ce soir une tasse de thé, j'irai
« demander l'hospitalité à votre voisine, pour
« ne pas faire le pied de grue plus longtemps. »

Et cette épître était signée d'un de mes amis d'occasion, ce grand fat de Marignac.

Pourquoi cette lettre était-elle aux chiffons?
J'avoue que je l'ai trouvée à sa place; j'avoue
aussi qu'un peu plus je retournais chez la demoiselle pour la remercier de faire poser ce po-
seur, mais l'âne me détourna de ce beau sentiment. Écoute bien :

Il s'était arrêté court, comme s'il eût résolu
de ne plus faire un pas ; ses jambes flageolaient
et menaçaient ruine; il penchait la tête avec
mélancolie, en âne recueilli qui pressent sa dernière heure.

Ce spectacle me navra ; je m'arrêtai court
comme lui.

Un chiffonnier eût battu l'âne pour le ranimer,
tout en l'injuriant ; la chiffonnière regardait la
pauvre bête d'un air compatissant, vrai regard
de mère, de femme ou de sœur.

L'âne aussi la regarda; œil éloquent qui disait : « C'est fini ! je suis au bout ; j'ai été héroïque pour toi ; j'ai passé toutes les nuits sans me
plaindre jamais, parce que j'ai compris que ta
misère était plus grande encore que la mienne ;
tu as été bonne pour moi, tu ne m'as refusé
ni le pain ni les caresses ; tu as même volé pour
moi l'avoine du voisin; tu m'as donné la moitié de
ton lit sur la paille... Mais je meurs à la peine...»

La femme regardait toujours l'âne ; elle lui
parla doucement.

— Allons, allons, mon cher Pierrot, ne vas-tu pas me laisser là ?

Elle fit deux pas vers la petite voiture et déchargea le panier de verres cassés.

— Allons ! dit-elle encore, comme s'il eût compris ; cette fois tu peux marcher, Pierrot !

Et elle se mit à la roue ; mais l'âne ne broncha pas ; il savait qu'il n'aurait pas la force d'aller jusqu'à Saint-Ouen, sa dernière patrie, sa dernière station dans la misère.

— Comment veux-tu que nous arrivions, Pierrot ? Je pourrais bien traîner la voiture, mais toi ! tu ne voudrais pas que je te fasse la honte de t'attacher derrière ton chariot.

L'âne dressa l'oreille ; mais ce fut tout.

J'allais parler à la chiffonnière et à son âne, quand elle courut au prochain cabaret. L'animal la suivit des yeux avec une vague inquiétude. Il semblait qu'il eût peur de mourir sans sa maîtresse.

Cet âne était si petit qu'à distance on le prenait pour un chien des Pyrénées. On pouvait dire de celui-là qu'il avait blanchi sous les harnais : il lui restait çà et là quelques touffes de poil gris, à la crinière, à la queue et sous le ventre. Mais on n'avait pas besoin de le tondre tous les ans comme les chevaux de luxe, tant la misère et la vieillesse y avaient travaillé ;

c'était comme une montagne que l'été a brulé par places. Pierrot semblait, du reste, par son air résigné, revenu des vanités de ce monde ; il y avait longtemps qu'il ne posait plus, s'il avait jamais posé dans sa saison galante.

On ne peut pas donner l'idée de son échine. Les os perçaient la peau ; un peu plus il eût été diaphane ; mais sa figure n'en avait que plus d'expression. A première vue, on était pris par je ne sais quoi d'humain, par l'intelligence et la bonté. Pourquoi avait-il été condamné à un pareil martyre ? Était-ce l'expiation d'un des siens ou la punition d'une vie antérieure passée dans les orgies ?

La chiffonnière revint bientôt, portant d'une main un morceau de pain et de l'autre un morceau de sucre.

L'âne souleva la lèvre et tenta d'avancer les dents, de vraies touches de vieux clavecin ; mais quoique ce fût l'heure du déjeuner, il laissa tomber le pain ; il n'avait pas plus de force dans la bouche que dans les jambes.

La chiffonnière lui donna le sucre ; il le prit comme pour lui faire plaisir, mais il le laissa tomber à côté du pain.

— Ah ! mon Dieu, mon Dieu, quel malheur dit la chiffonnière.

Elle ne pensait plus du tout à ramener à sa

maison son bien ; elle ne pensait qu'à son ami Pierrot.

— Pierrot ! Pierrot ! lui dit-elle.

Elle jugea que l'âne était perdu ; deux grosses larmes perlèrent à ses yeux ; elle ouvrit les bras, elle prit la tête de l'âne et l'embrassa comme un enfant.

Et je vous jure que l'âne lui-même versa deux larmes !

Cet embrassement fut un miracle qui se traduisit d'abord par un cri du cœur, l'âne se mit à braire comme en ses meilleurs jours.

J'avais peur que ce ne fût le chant du cygne, mais Pierrot revenait à lui.

Je m'étais retenu, tout ému par le spectacle ; je m'approchai et je tendis la main à la femme.

— C'est bien, madame, ce que vous avez fait là.

— Ah ! monsieur, dit-elle en pleurant, si vous saviez comme j'aime cette bête ! Figurez-vous que je l'ai sauvée de l'abattoir, il y a sept ans de cela, dans ce temps-là je n'avais qu'une hotte ; c'est avec mon crochet que j'ai élevé sept enfants. Le bon Dieu est-il juste, monsieur ? Le père est parti avec une autre, et il y a quinze jours un chenapan m'a enlevé ma première fille. Mon plus grand chagrin a été de mettre la dernière aux enfants trouvés, car j'en ai eu onze.

Il y en a quatre qui sont morts à la mamelle : que voulez-vous? on n'a pas du bon lait quand on court toute la nuit. Ce petit âne-là m'a souvent consolée, car c'était un meilleur compagnon que mon homme. Avec lui on ne s'arrêtait pas au cabaret et on n'était jamais battue; aussi je ne l'ai jamais battu, n'est-ce pas, Pierrot ?

Le pauvre petit âne avait l'air d'être de la conversation, il dressait ses oreilles et opinait du bonnet.

Un de mes amis passait qui me demanda ce que je faisais là.

— Mon cher, je me fais un nouvel ami.

Et je flattai l'âne de la main.

— Il a peut-être beaucoup d'esprit, me dit le nouveau venu, mais il n'est pas beau.

— Eh bien? moi je le trouve superbe. Je voudrais bien vous voir à sa place. Il est sorti à minuit et n'a pas découché, lui! Croyez-moi, vous venez de faire comme moi une bonne rencontre : Voulez-vous être de moitié dans une œuvre de charité ?

— De tout mon cœur.

— Eh bien! achetons cet âne pour lui donner ses invalides. Il sera soigné par cette brave femme...

La chiffonnière nous regardait d'un œil sévère, craignant qu'on ne se moquât d'elle.

Mais quand elle vit briller cinq louis, elle sourit doucement.

— Combien vous a coûté Pierrot ?

— Dix francs.

— Eh bien ! vous retournerez à l'abattoir, vous achèterez un autre âne et vous nourrirez celui-ci.

Je donnai ma carte à la chiffonnière et je dis adieu à l'âne en lui caressant le museau.

Le miracle était opéré ; l'âne, regaillardi, repartit presque gaiement. La chiffonnière se mit à la queue de la voiture pour aider son ami Pierrot.

*
* *

Mais, hélas ! elle est venue le soir chez moi tout en larmes.

J'ai compris tout de suite.

— Oh ! monsieur, il est défunt !

— Pauvre Pierrot !

— Quand vous l'avez vu il mourait à regret, voilà pourquoi il a repris ses dernières forces pour arriver jusque chez nous...

— Brave Pierrot !

— Oui, monsieur, nous sommes arrivés tant bien que mal à Saint-Ouen. Mais quand il a vu notre baraque, il est tombé à genoux. J'ai voulu le relever, mais cette fois c'était bien fini. Mes

enfants sont accourus. Quelle misère, monsieur !
Je n'ai rien vu de plus triste. Tout le monde
lui parlait et le caressait. Il regardait d'un œil
si désolé que c'était à fendre le cœur. Voyez-
vous il y en a dans le monde qui ne valent pas
un pauvre âne comme Pierrot. Quand on pense
qu'il a voulu mourir à sa maison, après avoir
fait son travail de tous les jours. Oui, monsieur,
il est mort à la porte...

— C'est le soldat qui achève de mourir après
avoir brûlé sa dernière cartouche...

La chiffonnière ouvrit la main, où je vis luire
les cinq louis du matin.

— Voilà *vos cent francs*, monsieur.
— Oh ! madame, ils sont bien à vous.

.*.

J'avoue que je ne sais qui je dois le plus ad-
mirer, de Pierrot ou de la chiffonnière : *l'âne*
qui accomplit son devoir, et *la femme* plus délicate que la charité !

Si cet âne est digne des ânes célèbres de Plutarque, cette chiffonnière est digne des saints du
calendrier.

CONTE POUR RIRE

ROSA

SCÈNES DE MŒURS PARISIENNES.

Voyez-vous passer, au retour du bois, dans un landau de fort beau style, traîné par deux chevaux de race, cette jolie fille toute parfumée d'oriza-lys et toute blanchie d'oriza veloûté. Elle rit à la vie, elle rit à sa beauté, qui rit à tout le monde.

Pourquoi ne rirait-elle pas, elle a si bien placé son cœur? Son premier amant qui est un duc ne lui donne pas d'argent, mais il joue vaguement les Alphonses parmi ces demoiselles. Rosa l'aime à ses heures perdues. Elle l'aime parce qu'il est très gentil selon son expression, elle l'aime parce que grâce à lui on l'appelle la petite duchesse.

Son second amant est un armateur de Bordeaux qui ne vient la voir que le dimanche, c'est déjà beaucoup, mais il lui donne 6,000 francs par mois. Pourquoi pas dix ? Parce que c'est un homme qui sait faire une addition.

Rosa va retrouver l'armateur aux *Ambassadeurs* pour dîner dans le salon inabordable où tout le monde se coudoie en mangeant, sous prétexte d'entendre chanter en plein vent.

A l'heure où elle arrive aux *Ambassadeurs* par l'avenue Gabriel, Bayard, un pauvre diable de peintre de portraits qui ne dîne pas en si haut lieu s'achemine en fumant un crapulos vers les bancs du concert. C'est dimanche, il est descendu de Montmartre pour avoir par à peu près la belle vie parisienne. Il porte royalement sa misère, il en rit tout le premier, ne désespérant pas de faire un jour, lui aussi, des portraits à 25,000 francs la gueule, selon l'argot d'atelier. Il entre au concert et demande un bock pendant que Rosa, qui a oublié Bayard, s'assied tout au juste au-dessus de lui en tournant une bouteille de vin de Champagne dans un seau d'argent.

— Tiens, Rosa, ma Rose! dis le peintre en levant les yeux.

Mais, Rosa ne descend pas jusqu'à reconnaître Bayard, surnommé sans peur et sans reproches; d'autant moins que Bayard est fichu comme quatre sous, chapeau mou, veste fripée, cravate flottante et chemise nuageuse ; mais avec tout cela une belle tête d'artiste qui défie la mode par un air narquois.

Et pourtant c'est Bayard qui a appris à lire à Rosa dans le livre de l'amour, mais il faut bien dire que le lendemain l'écolière pouvait en remontrer au maître.

Ils se sont aimés pendant toute une saison.

Elle n'a rien refusé à ses caprices hormis de poser pour les Vénus. Il y a des vierges qui ne font pas de façons pour poser le nu comme il y a des coquines qui ne se deshabillent jamais.

Puisque nous sommes aux *Ambassadeurs* étudions là Paris le dimanche, au retour des Courses.

*
* *

C'est aux *Ambassadeurs* que les jours de pluie débarquent de leur nacelle, j'ai voulu dire de leur landau ou de leur victoria, ces demoiselles qui ont gagné le gros lot au jeu de l'amour qui est le jeu du hasard par excellence.

Naturellement, s'il y a des femmes, il y a des hommes. Ménilmontant, Batignolles et les Ternes ont versé là tout le trésor de leur livre héraldique : l'Anguille et la Couleuvre, la Goulue et la Dégoûtée, l'Ecrevisse et la Grenouille, Mlle Fleur du mal et Mlle Vas-y-donc. C'est à inquiéter les duchesses de Sainte Clotilde !

Du côté de ces messieurs, c'est une autre chanson : c'est la chanson des ancêtres qui sont fiers de voir — du haut des cieux — leurs arrière-petits-fils mener gaiement la vie. Je me hâte de dire que, s'ils font du bruit au cabaret, ils font du bruit à la guerre ; s'ils sont à l'avant-garde de l'orgie parisienne, ils sont aussi aux avant-gardes au Tonkin. En France, la bravoure est de tous les ordres ; les soldats d'où qu'ils viennent sont toujours dignes des trente-deux quartiers de noblesse, parce qu'ils ne font pas de quartier à l'ennemi.

Donc si vous voulez, nous allons assister ensemble à un dîner du dimanche au café des Ambassadeurs, dessus du panier de la bonne et de la mauvaise compagnie.

C'est une jolie comédie, que dis-je ! un opéra-comique, puisque la musique du concert y vient retentir : cor de chasse, valses de Métra, quadrilles de Léo Délibes, toutes les joies de l'oreille !

Ou plutôt on n'entend que le bruit aigu des

causeries, le quatuor des assiettes et la chanson des coupes qui se brisent.

Il serait difficile d'assister du même coup d'œil, à la comédie : je vais la donner scène par scène, c'est-à-dire table par table.

* * *

Table A. Côté cour, c'est-à-dire côté de l'avenue Gabriel. — Un *parieur* qui a gagné, une *parieuse* qui a perdu ; le parieur n'est d'aucun monde ; comme le jeu, il est né du hasard ; il vit d'une trente-sixième part de coulissier ; il ne choisit pas les femmes, ce sont les femmes qui le choisissent — les jours où il gagne.

La parieuse est de tous les mondes, elle n'a que quinze ans de plus que le parieur, elle est outrageusement maquillée ; on l'a surnommée la Tour de Babel. — Je ne souligne pas. — Je ne lui sais pas d'autre état civil.

Aussi dès qu'elle est à table, sa voisine de la table B, qui lui en veut d'avoir décroché un gagnant, lui crie :

— Oh ! ces courses ! c'est comme toi, Tour de Babel ! mais tu ne t'y embêtes pas, parce que tu te reconnais dans la confusion des langues.

— Madame, je ne parle pas à la vôtre !

— C'est heureux pour moi.

— Ce n'est pas heureux pour les autres.

Le parieur *A* au parieur *B* ;
— Je parie cinq louis que ça va finir mal.
— Tenu, dit le parieur B.
Là-dessus il fait un signe de pacification à sa compagne.

Elle comprend que ce sera pour elle les cinq louis. Elle se tait, mais l'autre aussi veut gagner les cinq louis.

— Tu sais que tu perds tes cheveux ! après tout, puisque tu les as payés !

— Et toi as-tu payé tes dents !

Et se tournant vers son amant du soir :

— Elle n'a à elle que deux dents et elles sont mauvaises !

Le premier parieur s'écrie :

— J'ai gagné, puisque ces dames se prennent aux cheveux et se mordent à belles dents.

Surviennent un troisième parieur et une troisième décavée, qui se content leur déconfiture aux courses et à la Bourse. Ils cherchent la femme porte-bonheur. Elle n'est pas là.

— Ce n'est pas faute de cochons dit la Tour de Babel.

*
* *

Table C. — Deux officiers en habit de bal mais sans avoir l'air endimanché, allure chevaleresque, voix haute, moustaches en épée. Ils sont accompagnés de deux anges des Batignolles retour de Vienne. Elles étaient brunes en partant, ce sont maintenant deux gerbes de froment. Un troisième officier arrive en costume de voyage et dit à ses camarades : Je vous fais mes compliments, voilà de jolies filles, cela va vous donner un galon de plus.

— Couci couça ! l'une nous fait aimer l'autre.

— Tu sais que je pars ce soir, Schmith est impitoyable.

— Et Campenon ? Si on m'avait demandé mon avis pour un ministre de la guerre et qu'on m'eût dit : « Faut-il qu'on l'y campe ? — Non ! » me serais-je écrié.

Une des demoiselles dit avec admiration en donnant la main au dernier venu :

— Tu me vas, toi ! Si tu ne partais pas ce soir, je te camperais chez moi.

— Madame, je ne manque jamais à l'appel des femmes, je vous prends au mot. Je manquerai demain matin à l'appel du régiment ; huit jours de prison, mais pour huit heures d'esclavage !

— Eh bien ! et moi ? dit le partenaire de la dame.

— Eh bien, toi, tu feras comme moi, tu manqueras le train.

Arrive le chasseur, l'air tout effaré.

— Monsieur, votre voiture vous attend avec

vos malles; vous n'avez pas une minute à perdre, car le train part à neuf heures.

— Pourquoi, mon ami, prenez-vous cette figure de croquemort? Qu'est-ce que ça peut vous faire que je parte ou que je ne parte pas !

Tout le monde rit, le chasseur plus haut que les autres.

— Alors, monsieur reste?

— Oui, sacrebleu ! Allez-vous-en. Si vous rencontrez une femme égarée, envoyez-nous-la; mais si elle n'est pas belle, vous la garderez pour vous.

Beaucoup de gaieté et d'esprit à cette table C.

*
* *

Table D. — La table est de quatre personnes; elle est prise d'assaut par huit survenants et survenantes. C'est du plus haut pschutt, des femmes qui ont le plus beau plumet sur leur tête en pyramide, des hommes qui menacent aussi d'avoir leur plumet. Ce monde-là veut dîner à outrance; on exige que M. Ducarre lui-même fasse le menu. Chaque femme demande son vin: on ne veut pas du château-margaux, parce que ce nom de Margaux choque ces filles bien nées qui ont fait les délices de Montmartre.

Les quatre messieurs font les délices des salons, mais on ne les y garde que les jours de cotillon. L'un d'eux est quelque peu inquiet de sa maîtresse — un pouf si invraisemblables ! les gavroches des courses lui ont crié : « Viens donc que je te monte en croupe ! » C'est un aspirant au conseil d'État. Il sera nommé auditeur par la volonté de M. Brisson, qui lui a trouvé les oreilles assez longues. Il a peur de compromettre sa situation avant de l'avoir ; aussi, il ne peut s'empêcher de dire à celle qui le mène en laisse :

— Ma chère amie, tu as une robe extravagante.

— Il fallait me le dire plus tôt, j'en aurais mis une autre, car j'ai un fond sérieux, je suis dans mes robes comme dans tes papiers. Oui, un fond sérieux, surtout les robes. Tu verras quand je te présenterai la facture.

Les paroles se croisent. On n'entend plus le cliquetis des mots que dans le cliquetis des verres.

— Madame, vous me marchez sur le pied ! dit un monsieur, jouant la dignité.

— Oh, ne faites pas attention, remarque son voisin, madame est si légère !

Table E, table solitaire. — Un philosophe vient s'asseoir tout seul à cette petite table. Il s'écrie douloureusement — en latin :

— *O temps ! ô mœurs !* Voilà donc les plaisirs

de Paris : la misère en bas, le luxe en haut, la faim dans la rue, le superflu dans le cabaret!

Le philosophe cite des vers de Victor Hugo.

Après quoi il déclame tout haut son menu à M. Ducarre : Une douzaine d'huîtres, soupe queue de bœuf, anchois et caviar, moules à la marinière, jeune poulet braisé à l'estragon, deux cailles rôties, asperges en branche, parfait au café, camembert, panier de fruits : pêches, raisins et fraises. Et nous sommes en avril.

Le philosophe est aussi discret sur les vins que sur tout le reste ; il ne demande qu'une demi-bouteille de la Tour Blanche pour manger les huîtres ; une demi-bouteille de Nuits. Une demi-bouteille de château-Laffite ; une demi-bouteille de vin de Champagne Jules Mumm, coiffure d'or.

On ne peut pas moins faire pour son estomac quand on est philosophe. Par exemple, celui-ci se donne le luxe de demander à M. Ducarre sa fine champagne à quatre francs le petit verre. Et, tout en s'abandonnant aux douceurs de ce frugal repas, il continue à s'indigner contre les orgies et les misères de la fin du siècle. Il regarde avec pitié ces jeunes gens qui font ripaille ; un peu plus, il leur enverrait sa carafe toute pleine d'eau à la figure.

*
*

Les *tables F*, *G*, *H*, *I*, *J*, *K* sont occupées par des bourgeois de Paris et de province qui se sont risqués là comme en enfer. Ils ouvrent des yeux pour manger et des bouches pour regarder.

— Ah ! mon ami, s'écrie une mère de famille, peut-on voir de pareilles choses sans frémir ?

— Dieu de Dieu ! dit une autre, doit-on dépenser d'argent quand on vient dans cette boîte-là !

Une troisième remarque que c'est scandaleux de voir des femmes « travailler » ainsi à la ruine des familles.

Une quatrième se lève tout à coup et court vers son fils, qu'elle vient de reconnaître affublé d'une petite comédienne du Palais-Royal. Mais elle n'arrive pas jusqu'à lui : elle s'évanouit dans les bras d'un membre du Jockey-Club qui ne s'était jamais trouvé à pareille fête.

Il lui jette une salière à la figure, n'ayant pas de sel anglais sur lui.

Le mari accourt.

— Popotte ! ma popotte !

A ce doux nom, la dame rouvre les yeux.

— J'ai perdu mon fils ! dit-elle en fondant en larmes.

Et moi qui le croyais chez sa grand'mère ! dit le mari.

La mère s'achemine vers la table où elle a vu son fils, mais lui aussi s'est évanoui, car elle ne le voit plus ! Seulement, l'actrice est toujours à table.

Elle apostrophe cette demoiselle :

— Ah! rien qui vaille! fille de mauvaise vie! Voilà donc vos manières! Du vin de Champagne dans un seau d'argent!

La *table M*, côté jardin, entre en scène, d'abord par un éclat de rire, ensuite par une exhortation.

— Dites donc la petite mère, il ne faudrait pas nous la faire longtemps sur cette musique-là. Si vous aimiez votre fils, vous le ramèneriez à cette demoiselle. C'est un ange.

*
* *

Table N. — Ils sont là six qui sont à leur septième bouteille de vin de toutes les couleurs, moins le bleu ; aussi sont-ils partis jusqu'à chanter avec les dames du concert.

La *table O* trouble l'harmonie par des cris d'oiseau ; le plus spirituel brait comme un âne.

La *table P* est furieuse ; elle est ornée de deux amoureux, à leur lune ne miel, qui étaient venus là, croyant trouver la poésie sous les grands arbres des Champs-Élysées. L'amoureux cite Virgile. L'amoureuse confond Virgile dans les cris d'oiseau.

— Je t'avais bien dit qu'il fallait aller à Robinson.

La *table Q* a pour entourage deux femmes qui se portent bien, mais qui rongent leur frein. Il y a deux heures qu'elles sont là devant un menu trop frutal pour elles qui ont un bon coup de dent ! Quelques traînards ont rôdé autour d'elles sans se laisser prendre au trébuchet. Pauvres abandonnées, il leur faudra payer l'addition

.*.

Table R. Quatuor mondain. — Je reconnais le marquis et la marquise de C..., le comte et la comtesse d'A... Ils sont venus là pour s'amuser des autres. Nous échangeons un sourire discret.

— Surtout ne dites pas que je suis là dis-je à Mme d'A... », pour traduire sa pensée.

Tous les quatre sont en fort petite tenue. On les prendrait pour des provinciaux, n'étaient leurs figures toutes parisiennes.

Ils se placent à propos près de la *table S*, où on étudie à fond la question des chats. « Je m'en lave les mains, » dit le marquis, qui écoute

aux portes. La marquise rougit. Sait-elle pourquoi?
Car les chats ne sont pas ce qu'un vain peuple pense.

Tables S, T, U, V. — Toutes ces tables ont été prises d'assaut au retour des courses par des sportsmen qui se sont tous baptisés du nom des chevaux. Ces messieurs s'appellent *Gustave Wasa, Martin-Pêcheur, Bergerac.* Ces dames s'appellent *Flageolette, Aïda* et *Montretout.*

Dieu sait si on en fait voir de drôles à Montretout. Le nom va lui rester. La dame sera célèbre et elle aura un château à Montretout. Je vous la recommande, car elle est jolie ; mais elle dit qu'elle est hors concours.

Je m'aperçois que Flageolette flageolle sur ses jambes. Elle a bu outre mesure. Pauvre enfant! elle n'en était qu'à ses premières mesures. Elle pouvait dire, comme l'abbé de Voisenon : « Ne me faites pas boire une bouteille, je ne tiens que chopine. » Aussi elle va se trouver mal. Elle est saoule comme toute la Pologne quand Auguste avait bu. Deux amis la conduisent bras dessus bras dessous. C'est une délectation de la voir toute dépoitraillée, les yeux perdus, la bouche ouverte, riant comme une folle.

Son partenaire va avoir bien du plaisir cette

nuit, car elle s'attache à lui comme au mât du vaisseau. Quel naufrage !

Il pleut à verse.

Enfin nous arrivons à la *table X* qui est aujourd'hui surnommée la table des chapeaux, O Aristote ! Là est le bouquet, car c'est la table de Rosa et de son armateur.

Le vin de Champagne a irrité les nerfs de Rosa tout en la grisant à demi ; elle ne sait plus bien ce qu'elle dit, la preuve c'est que les voisins lui trouvent de l'esprit ? elle qui n'en n'a pas pour deux sous. Est-ce parce qu'elle engueule son amant ? Ecoutez :

— Est-ce que tu t'imagines jouer de la proue pour être mon gouvernail avec tous tes vaisseaux ? Pour six mille francs par mois, tu espères que je ne vais pas mettre des petits ducs dans mon jeu.

— O tu peux bien ma chère Rosa y mettre des ducs et des ducarts dans ton jeu. Tu peux même retourner le roi, s'il y en a encore.

— Tais-toi, roi de la mer ! Vas je ne te retournerai pas.

Elle appelle un homme d'État en disponibilité qui en est réduit à faire les garçons de salle.

— Dites donc l'homme à la serviette, monsieur

voudrait un filet de maquerau à la dieppoise.

Et cela continue, on se dispute haut la gueule, tout va à la masse, yeux flambants, gorge soulevée du côté de Rosa, barbe hérissée du côté de l'armateur, une averse d'injures pendant qu'il tombe une averse dans le jardin du concert.

Rosa va jusqu'au paroxisme de la colère; elle saisit l'armateur à la tête. Je me trompe, elle lui prend son chapeau et le jette dans le jardin. Ô miracle! le chapeau tombe juste à point sur la tête d'un spectateur qui salue avec reconnaissance en chantant : « Je n'ai pas de parapluie. »

Le décoiffé envoie chercher son chapeau, mais le coiffé veut rester coiffé par un chapeau de vingt-cinq francs. Il envoie en échange son chapeau de cent sous.

Le décoiffé se fâche, il lui vient l'étrange idée d'envoyer sa maîtresse chercher son chapeau, non pas tout à fait par le même chemin.

Cet ordre est pour elle une offense, elle le recoiffe en lui jetant sur la tête une coupe de vin de Champagne.

L'outragé monte dans sa colère et déclare à sa belle amoureuse, que si elle ne va pas elle-même chercher son chapeau, il la renverra à sa famille, sur les hauteurs de Belleville.

La demoiselle s'est penchée pour bien voir le spectateur du concert.

C'est Bayard, Bayard lui-même, celui-là qui a joué avec son innocence.

— Sans peur et sans reproches ! s'écrie-t-elle avec joie.

— Et se retournant vers l'armateur :

— Eh bien oui, je descends !

— Et la voilà qui se lève, qui descend quatre à quatre, qui va trouver l'artiste, qui lui prend la main et qui lui dit :

— Je te reconnais, c'est toi que j'aime ! Top-là tu te souviens de nos petites fêtes au lac Saint-Fargeau...

— Si je m'en souviens !

Bayard prend Rosa dans ses bras comme s'il prenait une déesse de l'Olympe.

— Eh bien, lui dit-elle, puisque tu m'aimes toujours, allons-nous-en.

— Où ?

— Dans ton atelier. Et ce soir, je te jure que je poserai pour les Vénus.

C'est la moralité !

*
* *

Contre moralité : l'armateur, pour rentrer en grâce, a envoyé une rivière de Diamants à Rosa.

FIN

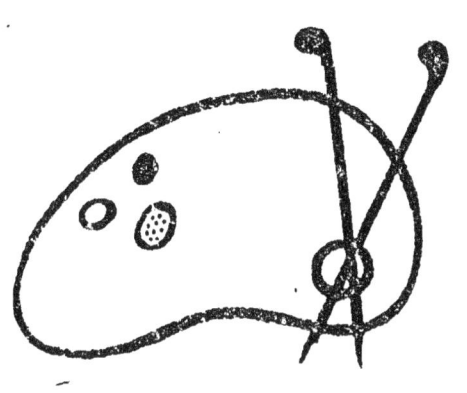

Original en couleur

NF Z 43-120-8

www.ingramcontent.com/pod-product-compliance
Lightning Source LLC
Chambersburg PA
CBHW060358170426
43199CB00013B/1915